OK BAJI'S PRACTICAL WISDOM WAY OF LIFE

川田英樹
KAWADA Hideki

OKバジの賢慮の生き方

ネパールの村に生きる社会起業家の共創の物語り

千倉書房

まえがき：「運命の出逢い」というスパイラル

国際基督教大学理事長
竹内弘高

誰かと出逢うことによって人生が思いがけない方向へ進む。

私にとっての運命の出逢いは、１９７０年だ。

当時カリフォルニア大学バークレー校の博士課程にいた野中郁次郎（一橋大学名誉教授）さんとの出逢いである。24才だった私は、バークレー校のＭＢＡプログラムに入学し、コンサルタントを目指していた。野中さんの博士課程の最終年度と私のＭＢＡ初年度が偶然にも重なったのだ。

１年後に、野中さんから突然受けたアドバイスが「博士課程に進め」であった。学者になるつもりなど毛頭なかった私だが、ＮＯと言えない訳があった。「一宿一飯の恩義」を返さなければという思いがあったからだ。貧乏学生だった私は、野中家に何度も呼んでもらい、夫人の幸（サチ）さんこと幸子さんが作るカレーや餃子などの手料理をご馳走になっていたのである。

「どうせ受かるはずはないけれど、願書だけは出しておこう。」２年のＭＢＡコースを

1年3カ月で終わらせようとしていた私の成績は、「C」がゴロゴロあり、博士課程とは程遠いものであった。そういうわけで、軽い気持ちで願書を提出したのだが、驚いたことに受かってしまったのだ。どうもバークレー校は、日本人は皆、野中さんのように勤勉で真面目だと勘違いしていたようだ。ともあれ、野中さんのあの一言がなければ、いやもっと正確に言えば、幸子さんのカレーと餃子がなければ、私の人生は、180度違う方向へ進んでいたはずである。

この本の筆者である川田英樹さんと同じように、私の娘の夢子もOKバジこと垣見一雅さんとの運命の出逢いを経験している。アメリカの大学を卒業した娘は、ネパールのドリマラ村にOKバジを訪れ、トイレや水道のない村での生活を9カ月間体験した。1998年から1999年にかけてである。この本の第3章に出てくるOKバジの一軒家に住まわせてもらい、村の子どもたちに英語を教えていた。村人は娘のことを「サパナ・ミス」と呼び、若い日本人女性に滅多に会わないこともあり、大歓迎してくれた。サパナはネパール語で夢を意味し、ミスという独身女性を意味する英語をそのまま後に付けた。

サパナ・ミスのボランティア活動を一目見ようと、私自身も家族と共に初めてドリマラ村を訪れた。日焼けしたうえに、風呂に何カ月も入っていない娘の姿は、現地の人のように逞しく見えた。妻と私がＯＫバジの六畳の家に泊めてもらい、息子と娘は村人の家で寝かせてもらった。妻はＯＫバジのベッド（と言っても木製）を使い、私は高校時代のキャンプ以来、久しぶりに土の上で寝た。

土の上はさすがに冷たかったが、家の中に掛けてあるＯＫバジの言葉が心に温もりを与えてくれた。本文にも出てくるが、日本語と英語でこう書かれていた。

「一日一善、一日一謝、一日一禅、一日一捨」

"Life is a dream, realize it.
Life is a challenge, meet it.
Life is a game, play it.
Life is love, share it."

サパナ・ミスはＯＫバジの影響もあって、ネパールから戻った後に東洋医学を４年間学び、カリフォルニア州で針治療の免許を取得し、ヒーリング（healing）の仕事に携わっている。Life is a dream. をモットーに。

筆者の川田英樹さんの運命の出逢いのキッカケをつくったのは、一橋大学大学院国際企業戦略研究科（ＩＣＳ：International Corporate Strategy）である。ＩＣＳは２０００年に神田一ツ橋に創設されたビジネス・スクールで、当時、私は研究科長を務め、野中さんも教鞭をとっていた。川田さんはそこの第1期生で、野中さんの授業を取り、私のゼミに所属していた。ＩＣＳは英語ですべての授業を行うＭＢＡプログラムであり、当時は、2年目にフィールド・ワークを単位として取れるユニークな仕組みがあった。

川田さんは、２００1年10月にネパールにいるＯＫバジのもとでフィールド・ワークを開始した。実は、その5カ月前、ＩＣＳで私が担当していた「グローバル・シチズンシップ（地球市民）」という必修科目のゲストスピーカーとして登壇したＯＫバジに逢って、心を動かされたからだ。

ＩＣＳを卒業した川田さんは一度は会社に戻ったが、「ネパールの子どもたちのキラキラした眼と笑顔が忘れられない」と会社を辞めてしまう。川田さんはカリフォルニア大学ロスアンゼルス校（ＵＣＬＡ）で天体物理学を専攻し、一時はカリフォルニアでプロゴルフのミニツアーに参加していたこともある。もともと少し変わっているとは思っていたが、まさか会社を辞めてＯＫバジの後を追うとは思っていなかった。

そんなユニークな経験を持つ川田さんは、これまで、20回以上もネパールを訪れている。時には夫人や娘さんと共に。夫人の弓子さんは、ICSの同級生で、学生の時は野中さんのゼミ生、今はICSで野中さんのもとで研究員をしている。川田さんも私の後を継いで、ICSで非常勤講師となり、「グローバル・シチズンシップ」を教えている。

また2人は、「フロネティック」という会社を設立し、フロネシス（Phronesis：実践知あるいは賢慮）のリーダーが育つ場づくりの支援をしている。フロネシスとは、「いま・ここ」という現実を、変わり続けるダイナミックな文脈の中で捉え、未来の「より善い」を求め、その時その場で最善の判断と行動をタイムリーに選択する高質な暗黙知である。

このフロネシスは野中さんと私が執筆したハーバード・ビジネス・レビューの論文「The Wise Leader：賢慮のリーダー」（2011年5月号）の根幹をなす概念だ。その後に2人で出版した、『The Wise Company（ワイズカンパニー）』（Oxford University Press, 2019）の中心にも据えられている。

その本の中でワイズカンパニーとは、賢慮のリーダーがいる企業であると定義している。「賢慮のリーダー」のロールモデルとして、本書でOKバジを取り上げるのは意味深い。これからの「賢慮のリーダー」は、OKバジのようなソーシャル・アントレプレナー（Social Entrepreneur：社会起業家）として、世界に向かって羽ばたいて欲しいと願っている。

この本が、読者にとっての運命の出逢いのなんらかの呼び水になることを切に願う。人生は、運命の出逢いのスパイラルなのかもしれない。私が野中さんに逢っていなければＩＣＳはなかったかもしれない。娘がネパールに行っていなければ、ＩＣＳで「グローバル・シチズンシップ」の授業はなかったかもしれない。川田さんがＯＫバジに逢っていなければ、この本はなかったかもしれない。呼び水が呼び水を呼ぶスパイラル。それが人生なのかもしれない。

ＯＫバジの賢慮の生き方
――ネパールの村に生きる社会起業家の共創の物語り――

目次

序章　賢慮の生き方

1　現代に求められる賢慮のリーダーシップ

「現代のビジネス・リーダーには、成長や利益の創出などの経済価値のみならず、社会価値の実現も求められている。」

本書の〝まえがき〟で紹介されたハーバード・ビジネス・レビューの論文『The Wise Leader（ワイズリーダー）』の日本語版、『「実践知」を身につけよ　賢慮のリーダー』（DIAMONDハーバード・ビジネス・レビュー2011年9月号）のAbstract（論文概要）の冒頭の一文である。

「無力のリーダーシップ」と、見出しが打たれた本文の最初のパラグラフの始まりと終わりの一文はこうである。

「『断絶』が繰り返される時代にあって、組織を賢く統率する能力は消え失せたに等しい。（中略）我々はリーダーシップにこれほど期待したことはなかったが、これほど失望させられたこともない。」

２０１１年3月11日に起こった東日本大震災からおよそ半年後、この論文の日本語版が日本で出された。この当時、日本では未曾有の大震災から、復旧、復興の道筋が見えない中、世界では、Volatility（変動性）、Uncertainty（不確実性）、Complexity（複雑性）、Ambiguity（曖昧性）の4つの単語の頭文字で表される〝ＶＵＣＡ（ヴーカ）の時代〟という言葉が叫ばれるようになっていた。世界はＶＵＣＡに直面する時代にこそ、ビジネス・リーダーは「賢慮のリーダー」として、成長や利益などの経済的価値のみならず、社会的価値の創出が求められると、この論文は主張しているのである。

フロネシス（実践知、知慮あるいは賢慮）とは、今から約２３５０年前、ギリシャの哲学者アリストテレスの提唱した概念である。アリストテレスの唱えた賢慮とは、絶えず状況が変化する現実のただ中で、何が正解なのか分からなくても、〝いま・ここ〟の文脈に応じ「より善い」に向かって判断し行動を起こす実践的な知恵である。

リーダシップとは、地位や役割に関係なく、自らが判断し行動を起こすという誰もが発揮できる能力なのである。断絶が繰り返される時代、VUCAの時代には、「より善い」を追求する賢慮のリーダーシップが求められるのである。

2024年秋、『賢慮のリーダー』の論文発行から13年半、AI（Artificial Intelligence：人工知能）関連が、ノーベル物理学賞、ノーベル化学賞の二分野で受賞した。「コンピューター科学」や「情報科学」といったサイエンスと、「機械学習」や「深層学習」といったテクノロジーによる最先端AIの活用は生産性を向上し、人間の日々の生活がより便利になるという議論は世間を席巻している。

その一方で、科学技術の暴走が危機を招くという議論も少なくはない。ノーベル物理学賞受賞者ジョン・ホップフィールドおよびジェフリー・ヒントンは、共にAIの進歩は制御しなければ大惨事につながると警鐘を鳴らしている。(1)

アリストテレスは、人間には3つのタイプの知識があると言った。「エピステーメ」というサイエンス（科学）、「テクネ」というテクノロジー（技術）、そして、「フロネシス」という「より善い」を追求する実践的な賢慮である。科学や技術が目まぐるしく進歩し、以前より格段に、それらの科学技術の活用が身近になった今の時代こそ、一人ひとりの人間がフロネシス（賢慮）を高めることが必要不可欠ではなかろうか。

　人間は直接経験を通じて、見る、聴く、味わう、嗅ぐ、皮膚で感じるといった五感を駆使して暗黙知を豊かにすることができる。暗黙知とは、「すべての知は暗黙知に根ざす」と哲学者マイケル・ポランニーが述べたように、すべての知の源泉である。暗黙知は言葉で表現できないような勘やコツを含む知であり、主観的であり、感性的であり、身体的である。

　人間は、他者と時空間を共にする中で互いに「共感」し、暗黙知を共有する。この「共感」こそが、野中郁次郎さんが提唱してきた組織的知識創造の起点である。エーザイの内藤晴夫ＣＥＯは、野中さんとの出会いがあって、１９９７年、組織的知識創造を実践すべく世界初となる知創部を設立している。今日においても、世界中のエーザイ社員一人ひとりが患者様やご家族の暗黙知である喜怒哀楽を「共感」するため、時空間を共にすることをビジネスの大事な一部と捉えている。また、インド出身のサティア・ナデラが、３代目ＣＥＯとなり、低迷していたマイクロソフトを「共感」の文化を醸成することによって復活させたことを知る人も多いのではなかろうか。

　この「共感」を起点として、組織的知識創造を「より善い」の実現を目指し駆動するのが先述の賢慮のリーダーシップである。フロネシス（賢慮）を唱えたアリストテレスは、人間の究極の目的は、「よく生きること」であると言った。「いかなる技術、いかなる研究も、同じくまた、いかなる実践や選択も、ことごとく何らかの善を希求している。「善」をもって「万物の希求するところ」とした解明は見事だといえる所以である[2]」とアリストテレスが言うように、賢慮のリーダーシップによって組織的知識創造は、「より善い（better）」を目指し、恒久的に持続するのである。

2　ネパールの社会起業家「ＯＫバジ」

本書では賢慮のリーダーシップを発揮してきたロールモデル（手本）としてネパールの山間の村々で30年にわたり支援を続けてきた一人の日本人の物語りを紹介したい。

彼は、ネパールの中西部の東パルパ地方で現地の村人から親しみをこめ「ＯＫバジ」と呼ばれている。本名は垣見一雅（かきみ・かずまさ）さん。東京の順心女子学園（現広尾学園）で23年間英語講師を勤めた後、１９９３年からこれまで30年以上にわたりネパールの山奥で村人を助け続けている。〝バジ〟とはネパール語で〝おじいちゃん〟の意味である。東パルパでは「ＯＫバジ」を知らぬ人はいないと言っても過言ではない。

ＯＫバジは、基本的な社会インフラが不十分な電気も水道も薬局も病院もないような村から村を歩き巡ってきた。そこで村の人々に会い、直接声を聴く。どうしたら村の生活をより善くできるのか、村の人々と話し合い、共に考え抜き、村人のために支援を続けているのだ。

自らの足で歩きながら村人のニーズや課題を感じ取る。そして、村人のニーズを満たすため、あるいは村々が抱える課題を解決するための資金を日本の支援者から募る。資金を提供してくれた方々へのレポートは詳細で、自分のお金がＯＫバジによってこんなに役に立ったと知った支援資金の提供者は再びＯＫバジに託したくなる。そして他の友人にもＯＫバジのことを伝える。そうやって、支援の輪が広がり資金も集まる。ＯＫバジは、社会課題を解決し価値を創造するソーシャル・アントレプレナー（社会起業家）なのである。

これまで、ＯＫバジが支援した村人の数は1万を超える。重度の怪我や病に苦しむ村人を助け、多くの命も救ってきた。村の子どもは学校建設や奨学金によって学ぶ機会を得ることができた。50以上の村々にも飲料水が届くようになった。医療基金や奨学金基金の設立、学校建設、水道敷設、灌漑用水路の建設、バイオマストイレの設置、資金の貸付による村人の収入向上と生活改善とＯＫバジの支援活動は多岐にわたる。しかも

NPO（Non-Profit Organization：非営利組織）やNGO（Non-Governmental Organization：非政府組織）といった組織をつくる訳ではなく、どこかの組織に所属する訳でもなくOKバジ個人として支援活動を続けている。そんなOKバジの活動を日本から200人以上の個人の支援者と30以上の団体が資金提供などによって支えているのだ。

筆者は、これまでに何度もOKバジの村巡りに同行した。OKバジと共に、寝袋を入れたリュックを背負い、野を越え山を越え、村から村へと歩いた。長い時は、1週間以上共に歩き、20近くの村々を訪れた。訪れる村々で、村の人々はOKバジをあたたかく迎え入れる。時には、道中でOKバジを待ち伏せする村人に出会うこともあった。

あれは、2007年の12月に3泊4日の村歩きをした時だった。ある村を目指して峠に差し掛かった時、遠くの方から息子を背負いOKバジの後を必死に追いかけてくる父親がいた。背負われた子は、数日間激しい頭痛に襲われているという。OKバジは、その子どもの病状を父親と周囲の村人から聞くと、その場で手紙を書いて父親に手渡した。OKバジのその手紙を持って、親子がタンセン（パルパ郡の郡都所在地）の病院に行くと無料で診察を受けられる。診察後、病院はOKバジの口座から診察代を引き落とす仕組みである。

支援を始めた当初、病気や怪我を負った子どもに会った時、OKバジは自らのポケッ

写真序－1　『OK バジ・フェスティバル』に集まった村人と OK バジ

出所：2004年 3 月筆者撮影

トから現金を手渡していた。しかし多くの場合、その現金はその家族の米代に使われたり、父親の酒代に消えていったりした。そこで、ＯＫバジは現地の病院の協力を引き出し、そのような仕組みをつくりあげたのだ。

ＯＫバジが東パルパで支援を開始してから10年が経った時、２００４年3月には、現地の村人によってＯＫバジに感謝の意を伝える祭り『ＯＫバジ・フェスティバル』が企画された。普段は5百人もいない村の広場に、なんと1万5千人が集まった（**写真序－1**）。その中には、いくつもの山を越え8時間歩いて会場に来た村人もいた。ＯＫバジに助けられたことのある多くの村人が、ＯＫバジの手を取り感謝を伝えるために足を運び、また自分の村に戻っていったのである。

遡ること1996年には当時のネパール国王より、OKバジは勲四等を授与されている。2009年には、第43回「吉川英治文化賞」を受賞した。功績は、「ネパールに居住し、住民から寄せられる様々な問題と向き合い、生活の自立を支援。[3]」であった。

さらに、2015年5月、より明るい今日とより善い明日に向けて、健全な社会と地域社会に貢献した人々を称える目的で創設された「ヘルシー・ソサイエティ賞」を受賞した。OKバジは、授賞式で黒いスーツにワインカラーのネクタイで、安倍晋三内閣総理大臣（当時）と記念写真に収まっている。その写真とともにOKバジを含めて6名の受賞者が「ヘルシー・ソサエティ賞」のホームページで紹介されているが、OKバジを除いた5名は、所属組織（団体）と氏名が表記されている。ところが、特筆すべきは、OKバジについては次のように紹介されていることである。

「垣見一雅　所属なし[4]」

現在でも、どの組織にも所属することもなく、自らのやり方を貫き1人で活動を続けている。

2016年5月には、テレビ番組で、「ネパールで200校以上もの学校をつくった日本人」と紹介されたこともある。

ＯＫバジを知るネパールの村人たちはこう言う。

「ＯＫバジは、我々と同じ物を食べ、同じ場所で寝る。」

ＯＫバジの支援活動の出発点。それは、山奥の村々で村人と共に生活し、そこから芽生えた現地の人々との「共感」である。ＯＫバジのもとには、村人から様々な支援の要求が来る。どんな時でも、ＯＫバジは、必ず現地に行き自分の目と耳で、本当に必要な支援かどうか判断する。ＯＫバジは、病に冒された子どもの辛さ、痛みを自分のことのように感じ、「何とかしたい」と心を動かされて行動を起こすのである。

3　泉の流れのようなエピソード

ネパールでのＯＫバジの支援活動資金は、先述したように日本の支援者からの好意である。ＯＫバジに「共感」する人々の好意が支援金として、自然とＯＫバジのもとに集まるのである。当初は自身のポケット・マネーに依存していたが、共感した友人が自主的に資金提供を始めその輪が広がっていったのだ。OKバジは日本の支援者の顔を思い浮かべ、日本からの支援金が現地の活動にどのように使われたかを手紙に詳細に書く。手紙を読んだ支援者は、まるで自分が疑似体験をしているように感じる。そして、OKバジに託したお金が「こんな価値を生んだ」と、また誰かに紹介する。OKバジは日本の支援者から託された資金を自身の交通費や現地スタッフの人件費として使うことはなく、100%を現地の村人のために使っている。その一部は基金とし村人に運用を任せ、活動を持続するための資金源ともなっている。

ここに、そんなOKバジ流の支援を表す1つのエピソードがある。

それは、OKバジの講演を聴いた小学生の好意とOKバジの1枚のハガキから始まった校舎の再建築プロジェクトである。Like a spring, the beginning of all things is small.（泉のごとく、すべてのことの始まりは小さい）、OKバジがネパールの茶店の壁にあったポスターに見つけたそのフレーズを象徴するプロジェクトだ。

2002年、6月から7月にかけネパールの雨季が本格的になるこの時期、OKバジは例年どおり日本に戻ってきた。この間、東京都内の小学校でネパールの活動について講演をする機会があった。その後、OKバジの講演に感銘を受けた150人の生徒が行動を起こした。

「ジュースを1本飲むのをガマンして、その分、ＯＫバジに渡そう。」

１５０人の生徒が、ジュースに１００円を使う代わりにＯＫバジに渡すことにした。１００円×１５０人。1万5千円の好意がＯＫバジのもとに集まった。当時の為替レートで約9千ルピーになった。ＯＫバジは、この9千ルピーをノートに変え東パルパのいくつかの村の小学校の生徒に配った。その後、ノートを配る時にネパールの子どもたちと一緒に撮った写真を1枚のハガキとともに東京の小学校の校長先生宛に送った。そのハガキには、日本の生徒からの好意が、東パルパの村々でどのように活かされたのか書かれていた。

ＯＫバジの手紙を受け取った小学校の校長先生は、1枚の学校新聞をつくり、そこにＯＫバジからの手紙と写真を掲載し、小学校の校門に募金箱と一緒に掲示した。すると、その募金箱には小学生の保護者からの寄付が集まった。

２００3年、ＯＫバジが再びこの小学校を訪れた時、校門の募金箱に集められた10万円の寄付金が校長から手渡された。ＯＫバジはこの10万円、ネパール・ルピーに換えると6万ルピーを東パルパに持ち帰り3万ルピーのメディカル（医療）基金を2つつくった。ＯＫバジは、前回と同じように、小学校からの寄付金がどのように役に立てられたかを手紙に記して、この基金によって治療を受けた村人たちの写真とともに送った。それらの写真の中には、この基金からの治療費で極度の栄養失調から回復した少女の写真も含まれていた。

校長は、ＯＫバジからの手紙と写真を載せた学校新聞をつくり、校門に募金箱とともに掲示した。

２００４年、次にＯＫバジがこの小学校を訪れた時、新たに寄付金が20万円集まったと知らされた。学校に通う子どもたちの保護者のみならず、近隣の住人からも寄付が寄せられた。この時、小学校側からＯＫバジに１つの要望があがった。

「このお金で、ネパールの村に学校を建てて欲しい。」

しかし、その当時、東パルパで小学校の５教室を建て替えるだけでも、セメントや鉄筋などの材料費と技術者の工賃で約35万円は必要であった。ＯＫバジは、校長先生にそのように伝えた。ＯＫバジの説明を聞き、小学校では、もう1年待ってみようとなった。翌年、2005年にOKバジが日本に帰国した時には、教室の建て替えに必要な寄付金が集まっていた。OKバジの脳裏に、東パルパのラクリという村で聴いた1つの要望が思い浮かんだ。雨漏りがひどい屋根と、今にも崩れ落ちそうな土壁の小学校がそこにあった。教室と教室を仕切る内壁は一部が崩壊して隣のクラスが見えていた。

「雨水が落ちる中で、子どもたちに授業を受けさせたくない。隣のクラスから声が聞こえる授業では、子どもたちは集中できない。この校舎を立て替えたい、そうすれば、子どもたちも安心して学校に通え、授業に集中できるようになります。」

そう語ったラクリの小学校の校長先生の姿がOKバジには思い浮かんでいた。日本の小学校からの好意をこのラクリの小学校に活かそうとOKバジは考えた。

2006年4月、ラクリの小学校の建設が始まった。日本からの寄付金はセメント、鉄筋、トタン屋根材などの材料と、設計者、大工などの技術者の工賃として使われた。ラクリの村人は「村民参加」という無償労働奉仕で、小学校の建設に貢献した。

「村民参加」とは聞こえがいいが、実際は大変である。村人の無償労働奉仕に含まれるのは、学校の土台の土堀や土ならし、木を切ったりすること。動力はない。すべてマンパワーである。そんな中でも、最も酷だと思われるのは、石や砂を運ぶ作業である。小学校の建設地の遥か4百~5百メートル下を流れる川原から集めた石や砂を竹カゴや袋に入れて背負って運び上げる。叩き割って小さくなった石のピースは積み上げられて壁の一部となる。砂はセメントと混ぜ合わされコンクリートとなる。2006年11月、日本からの好意と村人の熱意と汗の染み込んだ新しい5教室ができた。

2006年12月、筆者は東パルパにいた。

ラクリの小学校が完成して1カ月経った12月の中旬、ラクリ村を訪れた。遠くの空に白く浮かんだヒマラヤの山々を背にした丘に真新しい建物が建っていた（写真序-2）。

「新しい建物が出来て以来、生徒の出席率が良くなりました。それまで、80人くらいの生徒が登校していましたが、今では120人の生徒が登校してきます。」

ラクリ村にあるシュリ・サテワティ・プライマリースクールの校長先生の喜びの声である。

2002年にOKバジの講演を聴いた日本の小学校の生徒の好意が東パルパの子どもたちのノートとなり、それを伝えたOKバジの1枚のハガキによって、さらに生徒の両

写真序－2　ラクリ村のシュリ・サテワティ・プライマリースクール

出所：2006年筆者撮影

親からの好意も集まり、東パルパの栄養失調に苦しむ少女を救った。そのことを伝えたＯＫバジの１通の手紙によって、さらに縁は広まり、多くの好意が集まった。日本からの好意とネパールの村人の思いがＯＫバジによってつながり、最初の１枚のハガキから４年が経った時、新たな５教室が建設されるまでになった。今では、そこで多くの子どもたちが元気に学んでいる。「より善い」の実現を追求したＯＫバジの賢慮によって、始まりは小さかった泉の流れが、どんどん大きな流れとなったのだ。

4 「物語り」と本書の構成

筆者は〝まえがき〟で竹内弘高さんが触れてくれたように、2000年に創設された一橋大学大学院国際企業戦略研究科（現・一橋ビジネススクール：一橋ICS）MBAプログラムの一期生であり、そこで野中郁次郎さんと知識創造理論に出会った。このMBAプログラムの2年目には、ユニークな4つのオプションがあった。1つ目はロンドン・ビジネススクールやバブソン・カレッジといった海外のMBAプログラムに交換留学するオプション。2つ目は興味がある企業でインターンシップを行うオプション。3つ目は、当時、著名であった日本企業のCEOの付き人をするシャドウイングCEOというオプション、そして、4つ目が電気も水道もないネパールの村で3カ月間ボランティア教師を務めるオプションであった。筆者が選択したのは4つ目。ボランティア教師として村に行く前とボランティア終了後、OKバジと行動を共にした。

MBAを修了後、DBA（博士課程）に進んだ筆者は、独立行政法人国際協力機構

（JICA：Japan International Cooperation Agency）が、2004年より開催した「知識創造理論」をベースとした「知識社会創造セミナー」に、野中のカバン持ちとして関わるようになった。ちょうど、アシスタントを探していた野中さんに、「英樹はネパールの村に行ったりしているから向いている」と竹内さんが勧めてくれたからであった。このJICAのセミナーは、アジア各国の副大臣級の行政官や民間セクターの代表者などを約1週間東京に呼び、彼らが、日本発の野中さんの「知識創造理論」を自国の組織開発の理論として修得することを目的としていた。そのうえで、「知識創造理論」を修得し自国に戻った受講者がその実践を通じて、アジア諸国の潜在的な力を引き出すことを目指した。このJICAセミナーの縁をきっかけとして、後に、野中さんと筆者は、滅多に行くことができない、「ゴールデン・トライアングル（黄金の三角地帯）」と呼ばれた、タイ、ミャンマー、ラオスの国境地帯といったアジア各地の現場を訪れることができた（この地域から広がったソーシャルイノベーションの実践については2022年に野中さんらと『野性の経営』〔KADOKAWA〕としてまとめた）。このような経験を通じて、野中さんの「知識創造理論」や「実践知リーダーシップ論」は、民間企業のみならず、公的組織の知識創造や社会的イノベーションに活用できることを筆者は感じ取っていった。

一方で、筆者が博士課程へ進学を決めた時「英樹のロールモデルは、この3人ではないか」と竹内さんは3人の名前を挙げた。グラミン銀行の創設者で2006年にノーベル平和賞を受賞したムハメド・ユヌス教授と「現場に行かないとわからない」という現場主義を誰よりも大事にし、日本人で初めての国連難民高等弁務官やJICA理事長を歴任した緒方貞子さん、そしてもう1人が本書の主人公OKバジであった。

筆者の博士論文のタイトルは、「OK Baji as an Exemplar of *Phronetic* Leadership (DBA Thesis 2008) 賢慮のリーダーシップの手本としてのOKバジ」である。OKバジの賢慮の生き方を野中さんの理論をベースに論じたのであった。本書もこの博士論文に依るところが多くある。

本書では、OKバジの賢慮の生き方を「物語り」形式で紹介したい。「物語り（ナラティブ）」は、たんなる事例とは異なる。様々な出来事にまつわるエピソードの背後にある漠然とした「なぜ」を描き、聴き手、あるいは読者を「共感」させ行動を促すようなかたちで伝えるのが「物語り」だ。

本書は「物語り」（第1章〜第6章）と「総括」（終章）という構成になっている。

第1章は「垣見一雅とOKバジ」と題し、東京で23年間英語教師を勤めていた垣見一雅さんが、なぜ、日本を離れて、ネパールの山間の村々で支援活動を始めるのに至ったのか、どうして現地の人々からＯＫバジと呼ばれるようになったのか。その経緯と動機を垣見さんの生い立ちも交えて物語る。第2章では、まず村の様子や村人の暮らしを現すエピソードを紹介し、ＯＫバジ自身が村人を支援する真意を見出す契機となった大事故について語る。さらには、失敗体験、迷い、そして葛藤を乗り越え、〝ＯＫバジ流〟の支援に自ら気づく「我らのＯＫバジ」の姿を語る。

第3章は、少しテイストを変え、筆者の「ＯＫバジとの出会い」から筆者がネパールの村で暮らした実体験、村の生徒たちとのインタラクションを伝えつつ、実際にＯＫバジの村巡りに同行した経験から、ＯＫバジの支援活動の本質とは何かを書き表す。続く第4章も、筆者の直接経験から「ありのままのＯＫバジ」を物語るが、ここでは、より〝ＯＫバジの価値観〟、そして〝ＯＫバジの生き方〟を描く。

第5章は、ネパールと日本の架け橋となって、30年間続けてきたＯＫバジの支援活動にまつわる数々のエピソードから「ＯＫバジの賢慮」の核心に迫る。第6章は、ＯＫバジの支援活動によって起こった村々の変化、コロナ禍でも続けたＯＫバジの支援、そして、85歳となった「未来を語るＯＫバジ」の姿を物語る。

終章は、「総括」として〝ＯＫバジの賢慮の生き方〟とは何かを第1章から第6章までの「物語り」から導き出す。そのうえで、賢慮のリーダーとしてのＯＫバジの判断基準と行動指針を示し、社会的知識創造、あるいはソーシャルイノベーション（社会的変革）の実践の手がかりを提示する。

「あとがき」では、「まえがき」を執筆いただいた竹内弘高さんの友人でもあり、竹内さんと同じようにネパールを訪れ、現地でOKバジの支援活動を目の当たりにした安田隆二さんが、自身の実体験も踏まえOKバジへの感謝を寄せてくれている。

ネパールの村々のため、村の人々が「より善く生きる」ための支援を重ねてきたOKバジの実践は、単なる1人の人間が偉大という話ではない。そこには、いくつもの失敗を重ねながらも村人の自立性を引き出し、共にイノベーションを起こしてきたリアリティがある。OKバジの賢慮の生き方の物語りは、読者に「実践知」を身に付けるヒントを与えてくれる。そして、自らがソーシャルイノベーションの担い手となる道筋を示唆してくれるのではなかろうか。

筆者は、これまで幾度となく日本のみならず、OKバジとネパールの現地で時空間を共にした。村から村への村巡りもOKバジに同行した直接経験も重ねてきた。筆者は「語り手」として、読者の皆さんが、できるだけ追体験し何か心で感じていただけるよう「OKバジの賢慮の生き方」を物語りたい。読者の皆さんの賢慮のリーダーシップが育まれ、そして磨かれる、きっかけに少しでもなれば幸いである。

1——AFPBB News（２０２４年10月９日）「ＡＩの暴走、大惨事につながる恐れ　ノーベル物理学賞受賞者が警鐘」(https://www.afpbb.com/articles/-/3542767) を参照。

2——アリストテレス（１９７１）『アリストテレス　ニコマス倫理学（上）』（高田三郎訳）岩波書店、17頁より引用。

3——講談社ホームページ「吉川英治文化賞　過去の受賞者一覧」(https://www.kodansha.co.jp/award/description/61189.html) より引用。

4——「ヘルシー・ソサエティ賞」ホームページ（https://www.healthysociety-sho.com/about/）を参照。

第1章

垣見一雅とOKバジ

1　ネパールに感じた〝借り〟

①　“Make it happen”（ことを起こす）の人間へ

１９３９年生まれの垣見一雅さんは、２０２４年6月で85歳を迎えた。

遡ること40数年、40代に入った垣見さんは東京の順心女子学園（現広尾学園）で英語と数学の講師を勤める傍ら何より大事なのは体力であると感じ始めていた。

きっかけは、友人に誘われて行った長野県と山梨県の境に位置する赤岳登山であった。八ヶ岳連峰の最高峰である赤岳の標高は２８９９メートルである。

「あの頃は怠けていたから、青息吐息で頂上まで辿り着くのが辛くて苦しくて大変でした。本当にひどい目にあったと思って頂上まで登っていました。ところが、頂上に立ったら、もの凄い喜びを感じたんです。それから、体力をつけようと思ってトレーニングを始めました。」

そう、垣見さんは回想する。

この頃はまだ垣見さんの中には、ネパールの村で暮らすことなんて微塵も思ってもいない。その後、30年にわたり、遥か遠くに荘厳に輝くヒマラヤ山脈の峰々を眺めながら、山間の登り下りの急な道を歩き村々を巡る人生を送ることなどは、到底、思いもよらないことであった。だが、垣見さんの人生にとっては、この赤岳登山がターニングポイントの1つであったことは間違いない。

「体力をつけて、また登山に挑戦したい、赤岳の頂上で味わったあの喜びをまた感じてみたい」と講師の仕事の合間をつくっては、縄跳びをしたりジョギングをしたりと体力を鍛え直すようになった。垣見さんは、当時の回想を続ける。

「地道にコツコツと継続的に練習を重ねることによって体力がついていくことを知ったんです。小さな山にも登りました。東京からは近い、丹沢の山々にも登った。そしたら、それが高じて一回、長い距離を走ってみたくなって、フルマラソンに挑戦しました。マラソンをやったら、ますます自信がつきました。毎日走るとか、その地道な努力が必要なんだけれども、続けることで体力が増す。体力が増し、体調がいいと、何に対しても取り組み方がより積極的になる。それが自信につながっていく、そんなことに気づいたんです。」

1985年、46歳になった垣見さんは、沖縄で初めてフルマラソン（42・195キロメートル）に参加した。

この頃であった。垣見さんは、真偽は定かではないが、ある友人から人間には3つのタイプがあることを耳にした。

“Make-it-happen”タイプ：ことをどんどん積極的に起こしていくタイプ。
“Let-it-happen”タイプ　：ことが起きるのは自然に任せようというタイプ。
“Await-it-happen”タイプ：ことが起きるのをじっと待ち、自分からは動かないタイプ。

「それまでの自分は、どちらかというと消極的で行動力のない、自分からは動かない、３番目の"*Await-it-happen*"タイプの人間であったように思えます。だけど、体力を鍛え、フルマラソンを完走し、何度も登山に出かける中で、少しずつだけど、積極的にことを起こしていく、１番目の"*Make-it-happen*"の人間に変わり始めたような気がします。」

そう垣見さんは語る。友人に連れられて出かけた赤岳登山をきっかけに、トレーニングを始め、コツコツと継続して走り続け体力をつけてフルマラソンにも挑戦し、日本の山々に登った。これらの経験を通して、垣見さんは"Await-it-happen"から"Let-it-happen"、そして"Make-it-happen"の人間へと変容していった。いつしか体力を鍛えることから、自らの体力の限界に挑戦することに夢中になっていった垣見さんは、初マラソン以来、18回もフルマラソン（42・195キロメートル）を完走したという。

垣見さんは、山の魅力に惹かれ日本の山々にも登り続けた。「青息吐息、本当にひどい目にあった。」とまで言った登山も、気がつけば楽しく気持ちよく登れるようになっていた。

そんな垣見さんの中に、ある思いが生まれた。

②ヒマラヤの雪崩事故

ことをどんどん積極的に起こしていく“Make-it-happen”タイプの人間となった垣見さんは、１９８８年、世界最高峰、標高８８４９メートルのエベレストを見るため初めてネパールを訪れた。そこで、エベレストだけではない、他にも神々しく輝くヒマラヤ山脈の山々に垣見さんは圧倒され、心の底から魅了された。

それから2年後の１９９０年3月、ヒマラヤ山脈の山々に惹かれた垣見さんは再びネパールを訪れた。今回の目的地は、ヒマラヤ山脈の中西部、標高４１３０メートルに位置するアンナプルナ・ベースキャンプへのトレッキングであった。日本で登った赤岳より１２００メートルも高い場所へのトレッキングは、気温も下がり、酸素も薄くなる中での雪山登山であり、新たな挑戦であった。

アンナプルナ・トレッキングの玄関口である湖畔の街ポカラから、垣見さんは10名のパーティの一員として、アンナプルナ・ベースキャンプを目指した。

ポカラを出発して4日目の昼過ぎ、ベースキャンプを目前にしていた垣見さんの一隊は突然の雪崩に巻き込まれた。

「雪崩にあったら、泳げ！」とどこかで聞いていた垣見さんは、その雪の流れの中で無我夢中になって泳いだ。身体は雪の流れの上に浮いた。雪の上に這い上がった垣見さんは、眼の前にあった岩陰に咄嗟に身を委ねた。その瞬間、2度目の雪崩が垣見さんたちを襲った。大量の雪の流れは岩を越え、あっという間に垣見さんの身体を飲み込んだ。背中に冷たい雪の重みを感じた。このまま流されてしまうのか。垣見さんの脳裏にいくつもの人生の記憶がよぎった。

「グッバイ、アキ！」と声が垣見さんの口からこぼれた。当時、17歳になった長女の名前であった。その直後、雪の流れが止まった。垣見さんは一命を取り留めた。

しかし、垣見さんのリュックサックを背負っていたネパール人のポーターが帰らぬ人となった。垣見さんは10人パーティの前から8番目を歩いていた。垣見さんのリュックサックを背負っていたポーターは最後尾にいた。垣見さんの直ぐ後ろを歩いていたのがトレッキング・パーティのガイドのティルラック・アレであった。雪崩事故で垣見さんより遥か下方へ流されたが、流れが止まった雪の中から独力で這い上がり助かった。雪崩の事故以来、垣見さんは、ティルラック・アレと親交を深めた。

それ以来、垣見さんはネパールに何か「借り」を感じるようになった。それと同時に、「自分が今やりたいことは、今やっておこう」と、それまで以上に強く思うようになったという。

〝ネパールに感じた「借り」〟、〝やりたいことは、できる時にやろう〟、そして〝深まったトレッキング・ガイドとの親交〟、不運で哀しい雪崩事故という経験から生まれた思いや縁であったが、これらがネパールの村で暮らしてみたいという垣見さんの動機に至る背景にあった。

③初めてのドリマラ村

雪崩事故の後、一時、日本に帰国した垣見さんは、再びネパールを訪れた。

1992年10月、アンナプルナ・ベースキャンプを目前にして遭遇した雪崩事故から2年半、垣見さんは、トレッキング・ガイド、ティルラック・アレの生まれ育った村、パルパ郡のドリマラ村を訪ねた。

直線距離でカトマンズの西に約2百キロメートル、ポカラの南に約50キロメートルに位置するドリマラ村を訪れるには、カトマンズから丸々2日間かかった。カトマンズからバスで10時間、パルパ郡の郡都のタンセンに着く。そこで1泊し、タンセンからバスで1時間、アラバンジャンという街でバスを降り、そこから先は山道を22キロメートル、徒歩で5時間かけてドリマラ村に到着した。現在では村までの道路も整備されているが、当時は自らの足で歩く以外、村に辿り着くことは困難であった。

標高約1千メートルにある山間の村、当時、電気も水道もないドリマラ村には54軒の家があり、３５０人の村人が生活していた。

垣見さんはドリマラ村に10日間滞在した。そこで目にした光景に、垣見さんの心は奪われた。真っ黄色の絨毯のような菜の花畑、夕暮れになると儚く小さな光を放しつつ飛び交う蛍、夜空に輝く満点の星、天の川もはっきりと見えた。

１日の食事は朝晩の2食。毎食、湯気が立ち上る炊き立てのご飯、村人の庭先でその日収穫した鮮度抜群の野菜のタルカリ、豆のダル・スープの3品であったが、食べれば食べるほど身体が健康体になっていく気がした。そして、何よりも、どこまでも純粋な村人たちの笑顔が垣見さんの心に響き焼きついた。

10日間滞在したドリマラ村を去る時、村人みんなが垣見さんに聞いた。「次は、いつ来るの？」、「また直ぐ来たい。ドリマラのみんなにまた会いたい。ここで暮らしたい。」そんな気持ちが垣見さんの中でどんどん大きく膨らんでいった。

垣見さんは、村人たちとの別れを惜しみつつ、ドリマラ村からカトマンズへ向かった。その帰路には、ティルラック・アレが同行してくれた。

途中、マナカマナ寺院に立ち寄った。ここは、お参りすると願いを叶えてくれるというヒンズー教の寺院。ポカラとカトマンズのほぼ中間点に位置し、標高1千4百メートル近い山の上にあるこの寺院に行くには、標高差8百メートルの山道を登らなければならない。

マナカマナ寺院に到着した垣見さんは、お願いをした。

「ネパールに長く住めますように…。」

2 〝少年時代の復習〟へ

①少年時代の記憶

「学校の先生から見ると、一番記憶に残らない子どもだったんじゃないかな。」

垣見さんの少年時代は平凡であったという。ただ、今でも覚えているのは、母親がいつも言っていた言葉であった。

「そういうことすると、お天とう様に申し訳ないよ…。」

母親のそんな言葉を聴いていた垣見少年は、親にも迷惑をかけることもなかった。父親は東京の大井町で小さな町工場を経営し副社長を務めていた。何をつくっていた工場か覚えていないが、絶縁体として利用されるマイカ（鉱物の名前）という言葉をよく耳にしたという。黙々とコツコツと眼の前の仕事を1つ1つやり遂げていく優しい父親だった。垣見少年は父親から特に激しく怒られた記憶もない。ただ、父親の優しい背中が記憶に残っているという。

太平洋戦争の終戦間近、垣見少年は東京の新橋から岩手県の盛岡の叔母のもとへ疎開した。そこで、6歳から10歳までを4年間を過ごしたのであった。疎開先の盛岡では、今でも垣見さんの記憶に残る出来事があった。

「今でも覚えているのは、世話をしてくれていた叔母さんが大切な鉄釜を川で洗っている時にその釜が流されてしまったこと。叔母さんは、自分が泳げないにもかかわらず急な流れに胸までつかり、ゴロンゴロンと流されて深みにはまった釜を足で必死に探していた。その時の叔母さんの姿を覚えている。叔母さんは釜がないとみんなのご飯が炊けないからと、自らの命を顧みずに本当に必死だった。自分は、そばの川岸でその姿を見ていたが、叔母さんが流されて溺れてしまったらどうしようとハラハラしていた。」

岩手県を北から南へと流れる北上川での思い出を垣見さんはそう語る。

盛岡に母親と姉と共に4年間疎開したあと、垣見さんは、小学校の高学年を房総半島の南東部、太平洋に面した海辺の町、千葉県鴨川市の小湊で過ごした。

初めてのドリマラ村滞在で、垣見さんが目にした夕暮れに飛び交う蛍、黄色い菜の花の絨毯、満天の星と天の川といった光景は、確かに疎開先の盛岡や小湊で過ごした少年時代の記憶にあった。海辺の街、小湊から見た海の上に広がる満点の星空は、垣見さんの心に鮮やかに焼き付いていた。

パルパ郡には、アンナプルナ山脈からの雪解け水を水源とするカリガンダキ川が流れている。そのカリガンダキ川の濃紺な深みは、盛岡を流れる北上川の深みの色と重なった。その川の色の深みを見た垣見さんの脳裏には、盛岡でみんなのために飯炊きの鉄釜を必死に探していた叔母の姿が浮かんだ。ドリマラ村の女性たちは、まだ夜空に星が輝く夜明け前の時間に起きて、家畜の世話や家族の食事の準備を始める。その女性たちの姿もまた、みんなのためにご飯を炊く盛岡の叔母の姿に重なっていたのかも知れない。

垣見さんの少年時代の記憶に残る、工場の副社長も務めていた優しい父親の背中、そして、「そういうことすると、お天とう様に申し訳ないよ…。」と言った母親の生き方は、ドリマラ村の素朴な日々に生きる村人たちの姿と重ね合わさった。

②「かきみ塾」の思い出

新橋の垣見さんの生家と父親の大井町の工場は、東京大空襲によって焼かれてしまった。戦後間もない時代、中学に進んだ垣見さんは、母親と父親、そして姉と弟と共に家族揃って、東京の自由が丘の親戚を頼って借家に住むこととなった。高校を卒業後、垣見さんは、早稲田大学商学部へと進学した。

早稲田大学卒業の見込みが立った頃、垣見さんは、「かきみ塾」という私塾を始めた。大学生時代からアルバイトとして近所の中学生を2人、それぞれ週1回教えていたが、ある時、どんなウワサを聞いたのか、近所のお風呂屋さんが垣見さんに頼んできた。「近所の中学生3人の英語と数学を見てやってくれいないか」と。

1年後、3人の中学生の成績は見事に上がって、全員が志望していた高校に入学できた。彼ら3人の親も大いに喜んだ。

「3人の生徒がもともと優秀だった。」と垣見さんは謙遜するが「かきみ塾」の評判はうなぎのぼり、近所で一気に広まった。3人で始まった「かきみ塾」は、それから、年々、徐々に生徒数が増え、自宅のスペースも手狭になってきた。近くに空いていた土地に貸しアパートを建てようと垣見家で話が持ち上がり、垣見さんはその1階部分を「かきみ塾」のスペースとして使うことにした。卓球台が2台置けるような40畳くらいのスペースが「かきみ塾」となった。中学1年生から3年生までの3学年をそれぞれ学力レベルによって2つに分けた。全部で6クラス。それぞれのクラスが15人〜20人。多い時には、合計で百人を超えていた。

早稲田大学を卒業すると、垣見さんは「かきみ塾」を続けながらも、順心女子学園と都立中学校で教えるようになっていた。

平日の月曜日から金曜日までは、順心女子学園と2つの都立中学の3つの学校を掛け持ちして、朝から夕方まで講師として英語と数学を教えた。その後、自宅に夕方の17時までに戻り、17時半から21時半までの4時間は「かきみ塾」で英語と数学を中学生に教えた。さらに土曜日は、進学予備校で中学生に英語を教える。日曜日もまた「かきみ塾」で教えていた。

その当時、何が好きかと聞かれたら「教えること」と垣見さんは迷わずに答えていた。とにかく、教えることが好きで好きでたまらない、どんなに忙しくてもまったく苦にならなかったという。生徒たちの成績が良くなって喜ぶ姿、また自分の子どもの優秀な成績に喜ぶ親の姿、教える子どもと共に成長する自分の姿、そんな姿を見るのが楽しくて嬉しくて仕方がなかった。

私塾「かきみ塾」の特徴は、やり方は古かったかもしれないが家庭的であったことだ。決められた終了時間も忘れ、授業を続けることもしばしばあった。試験前には泊まりこみの合宿もやった。月謝は特に高くなかったというが、生徒数が徐々に増えるとともに収入も増えていった。垣見さんは、その当時を振り返って言う。

「僕はどこかで、私塾の経営からお金を儲けることに少し罪悪感がありました。なぜなら、好きなことをやって、エンジョイしながらお金が入ってくるのだから。好きだから、真夜中になっても教えていて、お金が欲しくて仕事をした訳ではないのに、お金が入ってきました。こんなに好きなことをやっていて、お金が儲かってもいいのかなという感覚でした。」

こうも言う。

「高校時代は、これっぽっちも教師になりたいなんて思いませんでした。大学時代に家庭教師を始めて、近所のお風呂屋さんに頼まれて、気づいた頃には本当に好きで好きで夢中になっていました。世の中には、世界経済のこととか、国際政治とか、最初から大きなことを考えられる人がいるけれど、僕の場合は眼の前のことしか考えられない。その時にできることを一生懸命やってきただけ。」

垣見さんは、眼の前にいた生徒に一生懸命教えるうちに生徒たちの喜ぶ姿、生徒の親の喜ぶ姿を見るのが嬉しくて、気がついたら誰かの役に立つことが生きがいになっていた。

③「お父さん、ネパールへなにしに行くの?」

23年間勤めた順心女子学園や「かきみ塾」では、休む間もなく、眼の前の生徒に一生懸命教えても疲れを感じることもなく、生徒たちの喜ぶ姿に自らの喜びを感じていた垣見さんであったが、10日間の初めてのドリマラ村滞在から帰国して以来、心の変化に気づいていた。ネパールから日本に戻った垣見さんの心の中には、帰り際にかけられた、ドリマラ村の村人たちの素朴な声がいつも響いていた。

「次は、いつ来るの？」

遥か山奥のドリマラ村で、「いつ来るのだろう」と、垣見さんの再訪を待ち望む村人たちの純粋な笑顔が思い起こされてばかりであった。

「ネパールに行きたい、ドリマラの村人たちに会いたい、ドリマラ村に住みたい」という思いが、垣見さんの中でどんどん強くなっていた。

一方で、眼の前の生徒に教えることに、あれだけ注がれていた情熱が、徐々に薄れていくのが自身でもわかった。それに合わせるかのように「かきみ塾」の生徒の数も減っていった。どんなに忙しくても疲れを感じることもなく、時間があればあるだけ休む間もなく教えてきたが、集中力が昔ほど続かない、自分の身をかばい始めていることに気づいていた。教えることで、生徒と共に育つ喜びを感じていたが、それより何より大きな意味をネパールに見つけてしまったのだ。

垣見さんは、23年間続いた「かきみ塾」をクローズすることを決断した。ピーク時には１００人いた生徒もクローズ間際には50人に減っていた。

１９９３年2月、同じく、23年間勤務した順心女子学園を退職した。

眼の前にいた生徒に一生懸命教えるうちに、生徒たちの喜ぶ姿、生徒の親の喜ぶ姿を見るのが嬉しくて気がついたら誰かの役に立つことが生きがいになっていた垣見さんであったが、その〝誰か〟が東京の生徒からネパールの村人に変わったのである。

垣見さんは28歳の時に結婚し、息子さんと娘さんの2人の子どもがいる。奥さんとは、ネパールに移り住む前に離婚していた。互いの意見や考えが合わなくなったのが理由であった。

〝積極的にことを起こしていく〟、〝やりたいことはできる時にやる〟、そんな思いを大事にしていた垣見さんは、東京を離れネパールのドリマラ村へ移り住む決意をした。

ネパールへ出発する前夜、垣見さんは家の近くのファミリーレストランで息子さんと2人で夕食をとった。黙々と食事をとっていた息子さんが尋ねた。85歳になった垣見さんは、今でも、その一言を鮮明に覚えている。

「お父さん、ネパールへ何しに行くの?」息子さんからの問いかけに少し間をおいて、こう答えた。

「少年時代の復習に行ってくる。」

3　ドリマラ村のOKバジ

①村の子どもたちからの贈りもの

1993年4月、日本の思い出を全部捨て、好きでたまらなかった仕事を辞め、垣見一雅さんは、ネパールの山奥の村、パルパ郡ドリマラ村での暮らしを始めた。どんな生活をしたいのか、何をするかはまったくわからなかった。「まずはトライしてみよう」と一歩を踏み出したのであった。

垣見さんは、ドリマラ村でできた友人の庭先、斜面に広がる棚田の麓に自ら持参したテントを張り、そこで暮らしを始めた。電気も水道もなければ、日本のようなトイレもない村の生活の始まりであった。

垣見さんは、村人たちと生活を共にした。早朝の仕事はまず水汲みから始まった。行きは片道10分の急な下り坂。帰りは、その逆なので急坂を20分かけて登った。

慣れない牛追いも手伝った。2頭の牛に木製の鋤を引っ張ってもらい畑を耕すのだが、その後ろから2頭の牛を誘導しようにもなかなか思うようにいかなかった。

薪の束も背負って歩いたが、よろよろとへっぴり腰になってしまった。ナムロと呼ぶ布製の背負い紐を額にかけ、背負った薪の重さを腰で支えて歩く。村人は男性も女性も50キログラムは背負って3〜4時間も歩くことができる。しかも裸足だ。中には、60キログラムを背負う村人もいる。垣見さんには25キログラムが精一杯であった。村人の逞しさを改めて感じた。

村の食事は朝と晩の2食だ。前述したように、炒めた野菜、豆スープ、そしてお米のご飯の3品だ。

村の畑では様々な野菜が育つ。大根、からし菜、小松菜、カリフラワー、キャベツ、じゃがいも、トマト等の野菜が村では育つ。野菜の色は見事なまでに青々としている。キャベツなどは、日本で見るものよりも倍くらいの、びっくりするくらいの大きさに育つ。大根なども本当に新鮮で生で食べても梨のようなみずみずしさと甘さを感じる。生き生きと育った野菜を手に取るだけで、何か自然のパワーのようなものを感じる。

その日、その日、季節の旬の野菜を庭先の畑から収穫し鍋で炒めて煮る。塩の他にもマサラ、ベサール（ウコン）、ニンニク、生姜、といった自然の香辛料を使い分け絶妙なバランスで味付けをする。

村の畑から採れた豆からつくったダル・スープは、日本の味噌汁のように、それぞれの家庭の味がある。

直径30センチメートル程度の平らな丸皿の上に、山盛りのご飯と野菜、そこに豆スープをかけて右手で食べるのが流儀だ。

ドリマラ村で暮らし始めた垣見さんも村の食事が大好きで、毎日の楽しみであった。そしていつの頃か自然の持つ味に敏感になっていた。今でもパルパの村々を訪れる時、垣見さんの大好物の1つがコド・コ・ロティだ。コドという穀物、日本でいうシコクビエ（四石稗）を石臼で挽いて粉状にして、そこに水を適量加えて練って、薄く焼いたパンケーキのようなもの。調味料は一切使わない。垣見さんは、「甘いね、ほんと、美味しいね。」と自然の味を堪能する。

今では垣見さんはネパール語のコミュニケーションはまったく問題ない。パルパの村人たちと日常の会話はもちろん、式典などで観衆を前にしてのスピーチも流暢なネパール語できちんとこなす。時にはジョークを飛ばして観衆から笑いを誘うこともお手のものだ。しかし、ドリマラ村で生活を始めた当時、知っていたネパール語は挨拶の時に交わす「ナマステ」だけであった。日本で英語教師を勤めていた垣見さんだから、英語のコミュニケーションはまったく問題なかった。ドリマラ村の中にも少し英語がわかる村人もいた。

村の子どもたちは好奇心旺盛だ。遠い国からやってきた日本人は何者なのか、気づくと垣見さんの周りに村の子どもたちが興味津々で集まっていた。そんな子どもたちは、垣見さんと村の大人の聞き慣れない英語の会話にも自然と関心を寄せていた。子どもたちの耳には、垣見さんが発する「OK、OK」という言葉が残った。

ドリマラ村にテントを張って暮らし始めて1週間が経とうとしていた頃、いつもの顔馴染みの村の子どもたちが、はにかんだ笑顔で垣見さんのもとへやって来た。すると、そこに3～4人いた子どもの誰かが、垣見さんに向かって言った。

「OKバジ！」

その子に続いて、他の子どもたちも垣見さんの顔を見つめて言った。「OKバジ」、「OKバジ」、「OKバジ」と。子どもたちの眼はキラキラと輝いていた。

垣見さんは、後で知った。〝バジ〟とは、ドリマラに暮らすマーガル民族の言葉で〝おじいさん〟を意味した。村の子どもたちは、遠い異国からやってきて「OK、OK」と発する垣見さんを「OKじいさん」と親しみを込めて呼んだ。そのニックネームは、村の子どもたちからの贈りものであった。垣見さんは、純粋なまでの眼差しで見つめる村の子どもたちを目の前にして、「この子どもたちに何か役立つことをしたい」と、そんな思いを強くした。

その日を境に気づけばドリマラ村の誰もが垣見さんを「ＯＫバジ」と呼び始めた。現在では、30年にわたって支援活動を続けてきたパルパ郡で「ＯＫバジ」の名を知らない村人はいないと言っても過言ではない。

本書でもここから先は、「垣見一雅」さんに代えて「ＯＫバジ」と呼ぶことにする。

②１枚の絆創膏とＯＫバジの第一歩

少年時代を復習したい、ネパールの暮らしがしてみたいとドリマラ村に住み始めたＯＫバジであった。しかし、「村の子どもたちのため、村人のために、何か役に立ちたい」と思いながらも、何をすれば良いかはわからなかった。

ドリマラ村での暮らしが始まり、数カ月が経ったある日、村を走り回っていた少年が何かにつまづき転ぶ姿が視界に入った。

「どうしたの？」

ＯＫバジはその少年のもとへと歩み寄った。見れば、転んだ少年はヒザを擦りむき、出血していた。

ＯＫバジは、持っていた1枚の絆創膏をその少年のヒザに貼った。少年の顔に笑顔が浮かび、キラキラ眼を輝かせてＯＫバジを見つめていた。

絆創膏を貼る。それはＯＫバジにとっては、ちょっとした何の気なしの小さな行動であったかも知れない。だが、その後、この時を懐かしそうに思い起こし言った。

「あのシンプルな行動が僕のネパールの支援活動の最初の一歩であったかもしれない。」

少年のヒザに1枚の絆創膏を貼った、その直接経験から「小さなことでも何か村人のために役に立てることがあるのではないか」という自信が、ＯＫバジの中に湧き始めたというのだ。そう思い、ドリマラ村を見渡してみると、村の生活は厳しく村人のためにできそうなことが、見え始めた気がした。

具体的に何から始めればいいかわからなかったＯＫバジは、ドリマラ村の村人に聴いて歩いた。

「少しでも何か役立てることがないか。」

村人からの回答はシンプルであった。識字教室が必要であるとのことだった。ドリマラ村では、日常の会話にまったく問題がなくても、文字の読み書きができない村人が多くいた。

そこで、識字教室の建物を建てた。石と土で積み上げた壁にトタン屋根の1階建ての建物であった。

しばらくすると、ドリマラ村の隣のサキネ村の村人が、ＯＫバジからの支援によって建てられた、その識字教室の建物を見学に来た。ＯＫバジの支援によってできた建物であることを知ると、サキネ村の村人は、自分たちの村も見て欲しいと、ＯＫバジを自分の村に招待した。

村を訪れたＯＫバジは、毎朝、30～40分もかけて、飲料水を汲み運ぶ村人の苦労に共感した。ＯＫバジの支援によって、サキネ村の村人共有の水場と水道栓が新たにできた。すると、そのウワサはサキネ村から近隣の村々へあっという間に広まって行った。

「日本から来た1人のバジ（老人）が、ドリマラ村に識字教室を建てて、隣のサキネ村では水場を造ったらしい…。」

村から村へ、ドリマラ村のＯＫバジの噂が伝わっていった。

「ウチの村にも来て欲しい…。」と、次々と近隣の村々を訪れることとなった。行った先々の村では、村人誰もが遠い異国からやってきた日本人を見かけると、親しみを込めて「ナマステ、ＯＫバジ！」と呼んだ。

日本では、眼の前にいた生徒に一生懸命教えることが好きでたまらなかった垣見一雅さんは、ネパールでの暮らしを始めて以来、気づけば村から村へと歩いて訪問し、眼の前にいる村人や村の子どもと一生懸命に接することが好きでたまらないＯＫバジになっていた。

第2章

我らのOKバジ

1　村の生活と3つのエピソード

ＯＫバジは「ネパールへ、少年時代の復習に行く。」と日本を旅立った。

〝ネパール〟という言葉を聴いた時、読者の皆さんは何を思い浮かべるだろうか？　それはやはり、世界最高峰のエベレストに代表される真っ白に神々しく輝くヒマラヤ山脈の山々であろうか。あるいは、ユネスコの世界文化遺産に指定された赤茶の煉瓦色の寺院が建ち並ぶ古都カトマンズであろうか。または、最近、日本でも多くの場所で味わうことができるようになったダルバートやモモといったネパール料理であろうか。それとも、世界中を見渡しても類を見ない、世界で唯一四角形ではない、２つの直角三角形を上下に組み合わせたネパールの国旗であろうか。

では、ネパールでの村の生活はどのようなイメージがあるだろうか？　筆者もそうであったが、やはりヒマラヤ山脈のイメージが強く、当初、村の生活は寒さが厳しいものだと思っていた。しかし、ネパールの緯度は日本の奄美大島と同じくらいで南国と言ってもいい。確かにヒマラヤ山脈には8千メートル級の嶺が立ち並ぶが、OKバジが活動を続けるパルパの村々の標高は、約3百メートルから1千5百メートルとそこまで高くない。パルパの標高の低い村々では、バナナやパパイヤと言った南国特有のフルーツも収穫できるのだ。

ネパールの気候は雨季と乾季の二期に分かれる。だいたい6月〜9月にかけた雨季と、10月〜5月の乾季だ。ネパールに旅行してヒマララ山脈を眺めるならば乾季に入って晴天が続く11月頃がお勧めだ。

ネパールが雨季の間、6月〜8月にかけて、例年、OKバジは日本に一時帰国する。雨季の間、山間の村々の泥まみれの悪路は歩くことさえ難しいのである。少し無理して歩いてみても、滑って転んで泥まみれになってしまう。ジープでもバスでも進むのは大変である。バスが泥のぬかるみにハマって立ち往生した際は、乗客は降り、みんなで力を合わせて車体を押し上げるといったことは日常茶飯事である。

したがって、OKバジは、村から村への移動が制限される雨季には日本に帰国し、日本の支援者への報告会や、OKバジの活動に関心を持つ日本の人々を相手に講演会を開くのである。

ＯＫバジは、そのような場で、ネパールの暮らしにまつわる３つのエピソードをよく語る。それらのエピソードは、村の生活、村人の様子や考え方を聴き手に思い浮かばせる。ＯＫバジは、こんな感じで始める。

「皆様、ナマステ。このナマステの挨拶の意味についてご存知ですか。ある時、カトマンズで出会ったニュージーランドの教授が、僕に教えてくれました。それは、相手の心の中の神様に、自分の胸の前で手を合わせて挨拶するということだそうです。では、皆様の心の神様を想像して、ナマステ。」

そう挨拶をして、ＯＫバジは３つのエピソードを語り始める。いずれも、ＯＫバジがネパールのドリマラ村で生活を始めた頃の出来事であり、これから話す３つのエピソードの中で、どれが一番気に入ったか、聴かせてくださいと前置きをして語るのだ。

読者の皆様も、どのエピソードが気に入ったか、ＯＫバジに伝えることを想像しながら読み進めていただきたい。

①小さな靴と大きな靴のエピソード

「僕が、ネパールに行って、ドリマラ村に住み始めてわずか1週間ぐらいのことでした。僕が履いていた靴がボロボロになって、パカって開いて壊れてしまったんですね。そうしたら、僕のテントの直ぐ隣の家の男の子が、僕にプレゼントするって、靴をくれたんです。ところが、履いてみたら小さくて履けない。あきらめて、僕はその靴を彼に返したんです。

翌朝、いつも僕のところに挨拶に来る、その男の子がいないんです。そうしたら、午後になって、僕のところに来たんです。そして、何気なく、何て言ったらいいのかな。こう、サッと靴を僕の前に出したんです。大きな靴に変わっていたんです。『君、今朝はいなかったね』と言ったら、『タフン』に行ってきたと彼が言うんです。

タフンと言えばドリマラから徒歩で往復5時間の村です。行きは急な降りをダーッと降りて、帰りは、逆にその急な登りの道をまた上がるという道のりです。彼はそこまで行って、僕に大きな靴をプレゼントしてくれた。

ところが、今度は僕の足には大きすぎて、ブカブカでした。僕は、足を靴に合わせざるを得なかった。でも、彼はそこで、大きいのはノープロブラムって笑顔で言ってくれたんです。これが最初のエピソードです。」

②1つの飴と7人の子どもたちのエピソード

「2つ目のエピソードです。僕がやはり、ドリマラ村に住み始めた頃に、ちょっとした怪我をした男の子が1人いました。

ほんのちょっとの怪我なんですけれども、僕から絆創膏をもらえるのを知っていて、僕のところへ来たんです。30年も前の村では絆創膏がなかったのですが、僕が絆創膏を持っているのを村の子どもたちは知っていました。僕のところへ来て、絆創膏を貼ってもらいたかったんだと思います。僕が、その子に絆創膏を貼ってあげたら、彼はものすごく喜びました。

ちょうど、僕の手元に丸い飴が1つあったので、その子にあげたんです。でも、同時に思ったんです。もし、その飴をパッと持って行って、外で食べたらどうしようかと。たくさんの村の子どもが次から次へと来て、僕にも私にもってなったら、どうしようかと。僕には、その飴1個しかなかったので。なので、何気なく、その子が外に出る前に、『ここで食べて行っちゃいなよ』って言ったんですね。

けれども、僕のネパール語が通じなかったのでしょう。彼はさっさと外に出て行ってしまいました。予想に反して、次から次へと村の子どもたちが僕のところへ来ることはありませんでした。僕が様子を見に外に出てみたら、絆創膏を貼ってあげた男の子が、その小さな丸い飴を石で割っているんです。そこには、彼を含めて7人の子どもがいました。そして、みんなに1つずつ、割った飴を分けているんです。小さい子から順にあげていたのです。

これが、2つ目のエピソードです。」

③怪我と功徳のエピソード

「3つ目のエピソードです。ある時、村の子どもたちが、木の枝とゴムでつくった手製のパチンコ遊びをしていたんですね。石を入れて飛ばしたらしいんですよ。そしたら1人の子どもの眼に当たってしまった。それで、すごい血を流しているんですね。

医者に行きたいのだけれども医者に行くと言っても、やっぱりジープなんかはありませんから、歩いて行っても3時間から4時間はかかります。その子は、血を流したまま歩かなきゃならない。その子の父親も医者に行かなきゃいけないことは分かっているのだけど、医者に支払うお金がない。それで、お父さんは必死になってお金を集めていたのですね。『お金を貸して、貸して欲しい』と。たまたま、そこに僕がいたわけです。僕が、『どうしたの？』と聞いたら、『お金がなくて病院に行きたいのだけれども行けない』と、その父親は言いました。それですぐに立て替えてあげて、怪我をした子どもの父親にお金を手渡しました。

そこで、何か違和感を少し感じたんです。その父親は僕に何も言わないのです。日本であれば、きっと、『ああ申し訳ありません。ちょっとお借りします。ありがとうございます』とか言いますよね。でも、その父親は、こちらが出したお金をパッと取って、ひったくりはしませんけれども。それで、特に僕にありがとうって言葉もありませんでした。とにかく、すっとお金を取って行ってしまいました。

今は、もうそういうのは慣れちゃっているから、別になんとも思いませんけれども、その頃は、まだ僕は、やっぱりネパールに慣れてない頃でしたから。

とにかく、その父親は、さっと持って行ってしまった。そうしたらですね、その様子を見ていて他の村人たちが、僕のところに来て言ったんです。『OKバジ、よかったね』と。『OKバジは、功徳を積めてよかった』って言い方をするんですね。〝ダルマ〟っていう言葉を使ったんだけども、『功徳を積めてよかったね』って、そこにいた村人みんなが言ったんです。

村人たちの考え方っていうのは、できる人ができることをする。それが功徳になる。だから、『ああ申し訳ありません。ありがとうございます』という言葉はいらない。もう、あなたは功徳をそこで積めた。そういうチャンスをもらえたっていうだけで、十分報われているっていう。

そういう考え方をするわけですよね。それに僕は慣れてないから、『功徳を積めてよかった、それよりも、ありがとうの一言の方がいい』って、わざわざ言った覚えがあります。

できる人が、とにかくできることをやる。いいことをやる。そして、その報酬を求めないというか、もうそれで終わりですということですよね。そのあたりが、村に暮らし始めた頃は、やっぱり僕も理解できなかったのです。」

さて、3つのエピソードの中で、読者の皆さんは、どのエピソードを気に入ったであろうか。2番目の1つの飴を7人の子どもで分けるエピソードから伝わるのは、村の子どもたちの優しさであろうか。ＯＫバジは言う。

「ネパールの村の生活は貧しいですから、分かち合うしかないわけですね。子どもたちは、分かち合うということを小さい時から教わっています。」

1つの小さな飴を石で割って、小さい子から分ける。その子どもの優しさの背景には、ネパールの村の暮らしの貧しさがあることが伝わるのではなかろうか。

そういった意味で言うと、1つ目のエピソードと3つ目のエピソードの背景にある意味は何であろうか。往復5時間の急な山道を歩きOKバジに靴を届けたが、結果、サイズが大きくても、「ノープロブラム」と言った村人からは、歩くことを何ともないと思わせる村人の〝たくましさ〟、何が何でもOKバジに靴を届けたいという〝実直〟な村人の姿、あるいはサイズが大きくても「大きいことはいいことだ」と〝細かなことは気にしない〟村人の姿勢が伝わるかも知れない。だが、その背景にあるのは、3つ目のエピソードでOKバジが語った「できることは、できる人がする」ということではないだろうか。

5時間もかけて靴を交換しに行った村人は、日頃のOKバジへの感謝を「ありがとう」と言う言葉で伝えるのではなく、その時、彼ができること、〝歩く〟という行動で、OKバジに感謝を伝えたかったのではなかろうか。

ＯＫバジは、そんな村人たち、村の子どもたちに何か役立ちたいと、パルパ郡の東地域の村々を歩き始めた。村から村へと歩くＯＫバジは「ドリマラ村のＯＫバジ」から「東パルパのＯＫバジ」へ、やがて東パルパの村人たちにとって「我らのＯＫバジ」となっていくのであった。

2　人間の痛みと人間の復習

①バス転落事故と3つの気づき

ドリマラ村で暮らし始めて、1年半が経った1994年10月、ＯＫバジはポカラから仏教の開祖であるゴータマ・ブッダ（仏陀）の生誕の地と言われるルンビニに向かうローカル・バスに乗っていた。ポカラからルンビニまでは、北から南へ約2百キロメートルの道のりである。その道中、パルパ郡の郡都タンセンを過ぎたあたりからブトワルへと続くバス道路は、切り立った崖沿いを走るワインディング道路だ。

ＯＫバジは、次から次へとカーブを曲がるバスの揺れにも誘われ、窓にもたれてウトウトと眠りに落ちていた。その時、突然のガラスの割れる凄まじい音で眼を覚ました。

バスはカーブを曲がり切れずに道路から深さ50メートルもある谷底へ向かって飛び出していた。気を失う寸前にOKバジが目にしたものは重力に引き落とされる自分より遥か下方の運転席だった。砕け散ったガラスの破片と自分の身体が谷底にスローモーションのように引き落とされる感覚が、薄れていくOKバジの意識の中に残っていた。

OKバジが意識をわずかに取り戻した時、見知らぬ人に両脇を抱えられていた。自分の左の腕が、まるでマネキンのように感覚がなくブラブラとぶら下がっていた。翌朝、再び、意識を取り戻した時、OKバジは、タンセンのミッション・ホスピタルのベッドの上に横たわっていた。肋骨が6本折れていた。左の肺も潰れていた。左の胸にはスパゲティのようなチューブが刺さっていた。身体はまったく動かすことができなかった。耐え難いほどの痛みがそれから3週間続いた。

時間が経ち、OKバジの体は回復したがバスへの恐怖心は残った。さらには、死への恐怖をより頻繁に感じるようになった。

その一方で、OKバジは、このバス事故から3つのことに気づかされた。

1つ目は、何かの事故にあってしまった人の痛み。言い換えれば人間の苦痛だった。健康な身体であったOKバジは、このバス事故を経験するまで、本当の痛みというものを理解していなかったと気づかされた。東パルパで暮らし始めてから1年6カ月の間、そこで出会った病気や身体的障害を抱えた人々の姿が思い起こされた。耳が聞こえない少女、盲目の少年、喘息を患った老人、小児麻痺のために歩くことができない少年。さらには、囲炉裏に右手を突っ込み火傷を負い、拳を握ったまま開かなくなってしまった幼児、ハンセン病で指先がない老婆の姿である。ＯＫバジは言う。

「自らが事故に遭ったことで、ほんの少しかも知れないが、彼らの苦しみ、痛みに共感できるようになった。」

バス事故で気づかされた2つ目は、人間の身体の奇跡的な能力の数々であった。事故に遭う前は、歩くことや腕を持ち上げること、ベッドから起き上がること、トイレに行くことは当たり前にできることであり、それらが人間の素晴らしい能力であることに気づいていなかった。事故以来、ＯＫバジは、人間の身体の奇跡的な能力に心から感謝するようになったという。

3つ目の気づきは、人々の優しさと愛情であった。

ＯＫバジが3週間入院している間、多くの人々の優しさと愛情に触れた。ＯＫバジと共にバス事故にあったドリマラ村の村人は、彼自身の負傷も顧みずにＯＫバジの世話をしてくれた。カトマンズからの友人もお見舞いに来てくれた。それまでに親しくなった何人もの東パルパの村人も、ミッション・ホスピタルを訪れ、励まし早く回復することを望んだ。

そんな中、ドリマラ村で始めた識字教室の建設プロジェクトで知り合った70歳の老人が杖をつきながらOKバジの見舞いに来た。ドリマラ村から徒歩で7時間歩いて、OKバジに会いに来た。

「その老人が杖をつきながら僕の病室に現れた時、僕は感動のあまり、ヒザから崩れるように、両手をあげてワンワンと泣いてしまいました。涙が溢れて、止まりませんでした。」

村人の優しさ、思いやりによってOKバジの身体は回復した。

この2年前の雪崩事故では、「ネパールに何か〝借り〟」を感じるようになったと言うOKバジであったが、このバス転落事故を経て、「村人のために何か役に立ちたい、恩返しをしたい」という強い思いがOKバジの中に生まれた。OKバジの感じた「ネパールへの〝借り〟」の意味することが「ネパールへの〝恩返し〟」であることを見出したのである。

②「少年時代の復習」から「人間の復習」へ

ドリマラ村の暮らしを始め、２年ほど経った時、息子さんからの手紙がＯＫバジのもとへ届いた。

「少年時代の復習はできましたか？」

ＯＫバジは、早速、息子さんへの返事を書いた。当時の「ありのまま」を息子さんに語ったその内容をＯＫバジの自叙伝に見ることができる。少し長文になるが、そのまま引用させていただく。

「できました。天の川、北斗七星、少年時代に見たままの星空を眺め、遠い遠い昔、海の上に広がっていた星空を復習しました。温かい太陽を主役に桃の花、菜の花の競演。川遊びもしました。

『夕焼け小焼けで日が暮れて…』と知らぬ間に口ずさみながら、美しい野道を歩きました。ピンクに輝くヒマラヤの山々は厳かに、美しく光っていました。その神々しさは、まさに神々が自分のすみかに選んだだけのことはあります。

大自然だけではありません。村人たちがどんなにお父さんの心を満たしてくれたことでしょう。宝のような美しい心をあちこちで見せてくれました。

そして2年目にお父さんは人間の復習にとりかかりました。今、その復習を毎日しています。身勝手な自分、忍耐力の足りない自分、優しさ、温かさなど口で言っているものの、すぐにそれは口先だけの体裁であることが暴露される場面に出会わされます。

そのつど苦い味を、これでもかこれでもかと味わされます。砂を噛まされ、にせ物の自分を見せつけられます。自分の周りに鏡をたくさん置かれ、さあこれがおまえのほんとうの姿だと映し出されているようです。

揺れ動き、ちっとも安定していない自分の心も、もうたくさんというほど知らされました。

でもありがたいことに、天はいつもお父さんの力を知っているようです。無理のない程度に、耐えられる程度にショックを与えてくれています。

もしお父さんの力を何も考慮せず、次々に自分の醜い姿を見せつけられたら、自分を信じられなくなり、ここにいることをあきらめてしまうでしょう。いろいろな体験を通して、今まで見えにくかった人間の復習に入ることができました。

毎日の米の心配をしなくてはならない人たちが、どうしてこんなに人のことを考えられるのか、どうしてこんなに明るく、温かくいられるのか、不思議です。

お父さんが大学教育でも学べなかった、『人間にとってほんとうに必要なものは何なのか』を村人たちから教えてもらえそうな気がします。ごきげんよう。[1]」

「少年時代の復習をする。」とネパールでの暮らしを始めたOKバジは村人との出会い、そして、かけがえのないいくつもの経験を通して「人間にとってほんとうに必要なものは何なのか」、その命題を解き明かすべく「人間の復習」を始めたのであった。

3　「失敗の連続」、そして「迷い」と「葛藤」

①「失敗体験」と自己変革

野中郁次郎さんの共著に『失敗の本質』（ダイヤモンド社／中央公論新社）という書籍がある。太平洋戦争で、なぜ日本軍は負けたのかという命題を組織論的に研究した当書は、1984年の刊行から40年を経て、その発行部数は累積百万部を超えるロングセラーとなっている。多くのビジネスリーダーにも読まれてきた当書は「失敗の本質」とは〝過去の成功体験へ過剰適応し、自己変革ができないことである〟と述べている。

ネパールの山間の村人の何か役に立ちたいという支援活動を始めたOKバジにとっては、何もかもが初めての体験であり、過去の成功体験などはもちろんない。むしろ失敗体験ばかりであった。ただ、OKバジは、それら1つ1つ失敗体験からの教訓を積み重ねて、自己変革を続けてきた。

東パルパで支援活動を始めた頃「OKバジがやっていることは、バラマキ支援だ、自己満足にすぎない」と揶揄されたこともあった。

OKバジ自身も「自分のやっていることは、バラマキ支援かもしれない、失敗かもしれない。」と思うこともあった。しかしOKバジは、そこであきらめて活動を止めてしまうことはなく、失敗の連続の中でも新たな道筋を見出しては、支援活動を継続し、新たなOKバジとして自己変革を遂げてきた。

そんなOKバジの自己変革を表す1つのエピソードを紹介したい。

1993年4月からドリマラ村に住み始めたOKバジの最初のプロジェクトは、前述した文字の読み書きができない村人のための識字教室の建設であった。

思い起こせば「この村で何か役に立てることはないかな。」と尋ねたＯＫバジが村人から頼られるがままに始めてしまったプロジェクトであった。

「識字教室を建てることが目的になってしまって、育てるのを忘れちゃいました。建物を建てたはいいけど、先生が来ないから3カ月後には休校になってしまいました。それで、今度は先生の給料のファンドをつくりました。ああいうのを〝バラマキ支援〟って言うんですね。村人に言われるがまま、お金をあげて、はい、建ててと…。」

ドリマラ村の隣村までその噂が広まったＯＫバジの初プロジェクトの裏側には、いったい何があったのか。当時の様子をこう語る。

「1993年、ドリマラに住み始めた時、村人に何が必要かって聞いたら、女性向けの識字教室が必要という答えでした。それまで、茅葺き屋根の牛舎の中に藁のゴザを敷いて識字教室をやっていたのだけど、雨季になると雨が入り込んで使えなくなってしまっていました。村人から建物が必要と言われて、言われるがまま、僕は建設費用を提供しました。建物が建てば、あとは村人が自分たちでやると思っていて、あとは何もしなかったのです。

建物が建って3カ月が経った頃『ちゃんとやっている?』って村の人に聞いてみたら、なんと、休校になってしまっていました。理由を聞いたら、識字教室の先生の給料が払えないからと言うのです。

識字教室は、1人の先生が村の25人の女性に向けて毎晩7時から9時までの2時間開かれるはずでした。1人が1カ月20ルピー(当時のレートで約32円)の月謝を支払えば、1カ月の給料として5百ルピー(約8百円)が先生に支払えるはずでした。開講してみたら、女性たちにはそもそもその月謝を支払う余裕がないことがわかったんです。

僕は建物を建てることしか考えていませんでした。建物を建てればうまくいくと思っていました。20ルピーとか10ルピーのお金を集められないなど想像できませんでした。『どうしたらいいのだろうか?』と、村人たちと一緒に話し合いました。そこで、まとまって集めたお金を基金にすれば利子が付くことを知りました。村では月々2%の利子が付くというのです。僕は3万ルピー(約4万8千円)を全部自分で払って基金をつくりました。そこから、毎月、利子として生まれた6百ルピーを先生の給料として支払うことができるからです。これで、うまく行くと思いました。

ところが、そうではなかったのでした。

先生の給料が支払えるようになってから6カ月の間は、識字教室を開くことができました。はじめは、村の女性もしっかり勉強していました。けれども、だんだんと教室にやってくる女性の数が減っていきました。村の女性は家事に忙しいし識字教室には実は消極的だったのです。受講生25人で始まったのが、最後はたったの3人になってしまいました。

その時、僕は気がつきました。

建設費用も先生の給料基金も僕が全部払って、そこには村人たちの努力がまったく入っていませんでした。『自分たちの努力が入らないと自分たちで汗水を流さないと、建てたもの、始めたことに愛着が湧かないのではないか』と気づきました。

その一方で、どうしたら生徒の減ってしまった識字教室の建物を活かせるか、せっかく建てた建物をどうやれば活かせるのか。僕は村人ともう一度真剣に話し合いました。そこで『幼児教室を開こう』というアイデアが生まれました。

子どもたちのほうが、早く覚えて吸収もいいと、早朝7時から9時までの4歳〜6歳向けの幼児教室を始めることにしました。

そうしたら、40人の村の子どもが集まりました。村の有志がボランティアとして先生役をかってでてくれましたが、何十年も続く仕組みをつくろうと、先生の給料基金をつくることにしました。今度は、村人たちにもお金を捻出してもらい1万ルピーが集まりました。郡の役所にも村人自身が働きかけ1万ルピーの補助金をもらうことができました。そうやって、僕の3万ルピーと合わせて5万ルピー（約8万円）の基金ができました。」

今では、ドリマラ村の識字教室として生まれた建物は、幼児教室を経て小学校になっている。OKバジの日本の友人からの支援とドリマラ村の村民参加によって、全部で8教室ができ、子どもたちが元気に学んでいる。

OKバジは自身の支援活動の歴史を振り返った時、「はじめの頃は、やはり、バラマキ支援であったかもしれない、失敗の連続であった。」と言う。その当時の自分の目線が、どちらかと言えば「何かしてあげる、お金はこちらが出すよ。」そんな感じであったという。

しかし、うまくいかなくても、そこでめげずに、挫けずに、村人たちと向き合い、真剣に話し合い、失敗からの教訓を生かして、新たな道を切り拓いていったのだ。

OKバジ自身も「役に立つからと、村人にリクエストされるがままやっていてはいけない。」、「何かしてあげる、お金はこちらが出すの目線ではダメ。」、「村人たちの努力が入らないと、村人たち自身が汗水を流して苦労をいとわないプロジェクトでないとうまくいかない。」、「今だけではなく、何十年も続くことをやり抜こう。」と、失敗の連続の体験から新たな気づきを得て、日々〝ニュー・ＯＫバジ〟へと自己変革を遂げていったのである。

②「迷い」"Give my son a life.（私の息子に命を下さい）"：１人の子どもを助けるのか、多くの子どもや村人のために資金を使うべきか

前述した野中郁次郎さんと竹内弘高さんの『実践知』を身につけよ：賢慮のリーダー」の中で「賢慮のリーダーは、何が善かという道徳的認識力を発揮し、どんな状況にあってもそれに基づいて行動する(2)」とある。

「村人にとって何が善か」、それに基づいてＯＫバジは判断し、そして行動を起こしてきた。さらに、野中さんと竹内さんは、次のようにも言う。「実践知は経験から得られる暗黙知で、価値観や道徳についての思慮分別を持つことにより、現実の具体的な文脈や状況において最善の判断を下し、行動することを可能にする(3)」。

賢慮のリーダーのロールモデルとしてのＯＫバジは、これまで多くの困難な状況に直面し、深く悩み、判断に迷い、葛藤しながらも自ら判断し行動を起こしてきた。そのような経験の積み重ねが判断のベースとなる価値観を築き、実践知を磨き上げてきたのだろう。

ある時、ＯＫバジは、自身の判断に心の底から思い悩んだことがあった。

「あれは１９９５年の12月のこと。僕はドリマラ村を出発し、東パルパのいくつかの村々を歩き巡って3週間が経とうとしていた頃のことです。僕がこのあたりを通るはずだと山道で僕のことを待ち伏せしていた村人がいました。それがニルラージュという少年の父親のヤムでした。彼は僕を見つけると、そこで3日間も待っていたのだという。僕を見ると、とにかく自分の村へ来てくれと言いました。ＯＫと言って、ヤムの家に着いたのは、その晩の10時頃です。

翌朝、起きたら、ヤムが一通の手紙を僕に差し出しました。それは、英語の手紙で、自分の息子、ニルラージュの心臓に穴が開いていて、手術をしなければ長くは生きられない、そう書いてありました。手紙の最後には、『*Give my son a life.*（私の息子に命を下さい）』とありました。

それを見た時、僕は心が打たれちゃって『この親子を何とかしたい、助けたい。』

と心の底から思いました。

でも、その一方で、それまで巡って来た村々からも、子どもたちのために学校の校舎を建てて欲しい、村のためにヘルスポスト（診療所）をつくって欲しいという、別の切実なリクエストもありました。

ニルラージュの手術はインドに行けばできると思った。でも、手術費用と渡航費用と合わせて、かなりの金額が必要となります。その費用があれば、学校やヘルスポストを建てることができる。

1人の子どもの命を助けるのか、多くの子どもや村人のために資金を使うべきか、どっちがいいのか、僕は本当に悩んで、決心するまでに1カ月近くはかかったと思います。

悩んで、悩んでいた僕が決心できたのは、娘の一言でした。

日本に一時帰国した時に、娘に話したら『その少年を助けて、手術代は私が何とかするから。』と、娘が申し出てくれました。その一言で僕は決心できました。」

1996年8月、OKバジは、ニルラージュそして父親のヤムとインドのカルカッタ（現コルカタ）へ渡った。ニルラージュの心臓の手術は無事に成功した。

それから8年後の2004年1月、筆者は、OKバジの村巡りに同行した際、サハルコット村でヤムとニルラージュ親子に出会った。ニルラージュは凛々しい少年へと成長していた（**写真2－1**）。

③「葛藤」1人でやるか、組織でやるか？

東パルパで支援活動を始めて間もない頃、OKバジは自身の活動のやり方に迷い葛藤し続けた経験がある。

「自分の支援のやり方で本当にいいのか、他のNGO（Non-Governmental Organization：非政府組織）の効率的なやり方を見習うべきなのか」。東パルパでは、多くのNGOが貧困や教育と村の支援活動を行っていた。その多くは、パルパ郡の郡都タンセンにヘッドクォーターとしてオフィスを構えていた。彼らは東パルパで活動するローカルスタッフからのオフィスへの報告をもとに、それぞれの問題の優先順位をつけアクションプランを立て、予算配分し、実行に移していた。

一方、OKバジの場合は、自らの足で村々を廻り、そこで五感を通じてありのままを直観し、村人との共感を生み話し合い、そこから支援活動を始めていた。

「自分のやり方は、場当たり的で、持続性、効率性に欠けているのではないか、NG

写真2-1　ニルラージュ少年（写真右から3人目）

出所：2004年1月筆者撮影

Oのやり方とまるで違うけれども、それでいいのか。」と、OKバジは迷い始めていた。「このまま1人で続けるのがいいのか、NGOのように組織をつくった方がいいのか。」、そうOKバジは葛藤した。

そんなOKバジの葛藤が解決したのは、ある時、村から村へと巡り歩いている時のこと。次の村へと険しい山道を登って峠に差し掛かった時、OKバジは、それまで出会ったたくさんの村人の顔を思い出した。いくつもの峠を越えて、村から村へと歩けば歩いた分だけ多くの村人に出会った。OKバジに助けを求める村人も多くいた。

その中には「ヘルスポストが欲しい」

と訴えかけてきた老人がいた。その老人は、高熱の孫を背負って病院のある町まで出ようと、5時間、6時間歩き病院を目指したが、孫はその老人の背中で息を引き取った。その老人と同じ村には、自分の妻を背負って町に向かった村人もいた。その妻も夫の背中で息を引き取っていた。

そんな村人たちの一人ひとりの顔を思い起こし、峠から見える山々を見ていた時、OKバジは「ハッ！」と気づいたのだ。

「この山奥で村人や子どもが急病にかかれば、この山々が彼らの最大の敵となってしまう。この山奥の村々には、助けを必要としている人が多くいる。そんな彼らのいる村へは、いくつもの山を越え、歩いていくことしかできない。自らの足で歩き、そこで出会った助けを必要とする村人に共感し、何が必要か、できることは何か、その場で判断、行動を起こす。それは、他のNGOにはできないことかもしれない。自分にしかできないことなのかもしれない。歩き続けられる限り、僕のこのやり方で行こう。」

OKバジは、それ以来、組織をつくることもなく、自らが移動オフィスと呼ぶリュックサックに寝袋を入れ、腰には、ぎっしりとメモが書かれたノートと小切手帳の入ったウェストバックを装着し、我が身1つで村から村を歩き巡ったのだ。

だが、OKバジはどこに行っても1人ではなかった。行く先の村々では、自分の村や地域のため、子どもたちのためにと、OKバジと活動を共にする村の青年団、学校の先生たち、村のママさんグループがいる。OKバジが訪れる村々では、支援活動の組織が自然とできあがるのであった。

1――垣見一雅（2001）『OKバジ：村人の魂に魅せられ、ネパールの山奥に住みついたひとりの日本人』サンパティック・カフェ出版、20～21頁から引用。
2――『実践知を身につけよ：賢慮のリーダー』DIAMONDハーバード・ビジネス・レビュー、2011年9月号、15頁から引用。
3――『実践知を身につけよ：賢慮のリーダー』DIAMONDハーバード・ビジネス・レビュー、2011年9月号、13頁から引用。

第3章

ＯＫバジとの出会い

筆者が、初めてOKバジに会ったのは2001年の春である。本章では、筆者がOKバジの村巡りに同行した経験、そして、3カ月にわたる村での暮らしの中で筆者自身が気づかされたことを語りたい。

1 「グローバル・シチズンシップ（地球市民）」での出会い

〝まえがき〟で竹内弘高さんが述べたように、筆者は、当時、一橋大学大学院国際企業戦略研究科（現：一橋ビジネススクール国際企業戦略専攻［一橋ICS］）のMBAプログラムの学生であった。一橋ICSの必修科目の1つに、研究科長の竹内さんが教えていた「グローバル・シチズンシップ」があった。「21世紀の企業は、経済的課題のみならず、社会的課題の解決も求められる」とピーター・Ｆ・ドラッカーが言ったように「21世紀のＭＢＡは、経済的課題のみならず、社会的課題の解決も求められる」と、竹内さんは、学生にメッセージを伝えこの授業を展開していた。ＯＫバジは、ネパールの山間の村々の社会課題解決を実践しているロールモデルとして、この「グローバル・シチズンシップ」のゲストスピーカーに招かれたのであった。そこで、ＯＫバジと筆者は出会ったのである。

一橋ＩＣＳは、日本の国立大学初の専門職大学院として２０００年に開講し、一橋大学発祥の地である東京の神田一ツ橋に教室がある。その日、ＯＫバジはネパールのパルパ郡の伝統的な帽子であるトピを頭にかぶり、カジュアルな身なりで教室に入ってきた。

ＯＫバジの講義は、なめらかで歯切れのよい英語でネパール語の２つの言葉を紹介したいと始まった。２つのネパール語とは、あいさつの言葉「ナマステ」と「カンチューハイ」という〝食べます〟あるいは〝いただきます〟という意味の言葉であった。何を話し始めるのかと思えば、それら２つの言葉の意味を説明したあと、こう言った。

「ノマシテ、カンチューハイ。」（〝ナマステ〟を〝飲まして〟にかけて〝カンチューハイ〟を〝缶酎ハイ〟にかけて）と。

教室にいた20名の学生にドッと笑いが起こった。いきなりのＯＫバジのジョークに誰もが心を掴まれたのだ。

「これで、皆さんも2つのネパール語を覚えたでしょう。」と言った後、OKバジは、表情を少し引き締め「相手の心の神様に向かって手を合わす」ナマステの本来の意味を話してくれた。

「では、もう一度、皆さんと挨拶しましょう。」とのOKバジの掛け声で、学生は「ナマステ」と胸の前に手を合わせ、OKバジに挨拶をした。

何か少し厳かな雰囲気が生まれた。そうやってネパールでのOKバジの活動についての〝物語り〟が始まった。

OKバジは現地で撮影した写真を書画カメラで次々と紹介しながら淡々と語り続けた。講義時間の90分は、あっと言う間だった。

OKバジの物語るいくつものエピソードが筆者の記憶に鮮明に残った。

講義の冒頭でOKバジが語ったのは木から落ちた9歳の少年の話だった。その少年は、家の水牛の餌となる木の葉を木に登り鎌で切り落としていた。足を滑らせたのか、少年は4メートルの高さから落ちてしまった。彼が落ちたその場所には彼が切った枝が尖った先を上に向けていた。その枝が木の上から落ちた少年のわき腹に突き刺さったのだ。少年の父親は、血だらけの少年の腹を布でぐるぐる巻きにして、米袋に棒を通して作った担架で村の仲間と少年を運んだ。山道を徒歩で8時間、そこから救急車で2時間、病院のある街まで少年は運ばれた。緊急入院をした少年は何とか一命を取り留めた。手術代は1万円であった。

心臓に穴が開いたニルラージュ少年を手術のためにインドのカルカッタ（現コルカタ）に連れていったエピソードを前述したが、そのほか破傷風で足のかかとが欠けてしまった村人、大火傷を負った少女、顔面全部が皮膚病で腫れものに覆われた少年がOKバジの支援で徐々に回復したエピソードも生々しい写真とともに語られた。

支援によって、村の子どもの命が救われたエピソードの一方で、カトマンズの病院まで連れていったが、あと一歩で命を救えなかった少年との経験を淡々と語った。また、母親が病気の息子を背負って3時間の山道を隣村のクリニックまで歩いていったが、そこには誰もおらず、さらに別の病院に向かって歩いている途中で息子が背中で息を引き取ったというエピソードもOKバジは語ってくれた。

それらのエピソードは衝撃的であった。1万円あれば子どもの命が救われる。片や病院に行くことができずに命を落としてしまう子どもがいる。OKバジの物語りに、そんな世界が同じアジアにあるという現実を突きつけられクラスルームは静まり返った。

OKバジはネパールで知ったという2つの言葉を引き合いに出して講義を終えた。

"Nepal is here to change you, not for you to change Nepal."（ネパールがここにあるのは、あなたを変えるためであり、あなたがネパールを変えるためではありません）
"Like a spring, the beginning of all things is small."（泉のごとくすべてのことの始まりは小さい）

そこに行ったら、何ができるだろうか？

そんな思いがよぎりながら、ネパールへ行ってみたいという気持ちが筆者の中で大きく膨らんでいった。同時に少し我に返り現実的な質問をＯＫバジに投げかけてみた。

「３カ月間、村に滞在するのに現金はいくらぐらい持っていけばいいですか？」

ＯＫバジは、少し間を置いて答えた。

「そうですね、２千円あれば十分だと思います。」

３カ月、２千円で生活できてしまう世界。いったいどんなところなのだろうかと、筆者は、ネパールの村の生活にますます惹かれてしまっていた。

2　OKバジの村々に滞在

①タンセンからドリマラ村へ

ネパールへ戻ったOKバジから筆者のもとに手紙が届いた。その封筒は、1度、日本からドリマラ村のOKバジへと郵送された手紙の封筒を裏返しにして、OKバジが新たな封筒として再利用したものであった。

その手紙には、「ネパールの村の小学校で何か教えてもらうことになるかもしれません。」と書いてあった。筆者は小学生に教えた経験はなかったが、とりあえずどこかで役に立つかも知れないと、小学4年生から6年生までの算数と理科の学習ドリルを買ってリュックに詰め込んだ。そのリュックはずっしりと重かった。

OKバジとの出会いから5カ月後、筆者はネパールにいた。

2001年10月、バンコク経由でネパールに向かった筆者は、カトマンズ到着の2日後、パルパ郡の郡都タンセンでOKバジと待ち合わせをした。

合流した翌日、ジープの後部の荷台の僅かなスペースに乗り込みドリマラ村へと向かった。日本から届けられた古着がパンパンに詰められたダンボール箱12~13個と一緒に、筆者は荷台に乗った。道中、何か強烈な匂いが鼻をつくと思ったら、ポリタンクに入った燃料だった。ジープは悪路（もちろん、舗装されていない）で大いに揺れるし、燃料の匂いでムカムカするし、ちょっとしたガマン大会のようであった。

だが、揺れるジープの荷台の幌の隙間から見える景色に何か懐かしさを感じた。両サイドを緑に覆われた薄茶色の泥々のデコボコ道は子どもの頃に家族や友人と行った山間のキャンプ場へ向かう川沿いの道によく似ていた。

ＯＫバジが初めてドリマラ村を訪問した時は、タンセンからアレバンジャンまで、バスで1時間かけて到着した後、徒歩で22キロメートルの山道を5時間歩いたと先に述べたが、この時は歩く必要はなく、タンセンからジープで直接ドリマラ村まで行くことができた。タンセンを出発して約4時間、ＯＫバジと筆者はドリマラ村に到着した。

その翌日、早速、ジープでドリマラ村まで一緒に旅をしたダンボールに入っていた古着をドリマラ村の村人たちへ配ることとなった。

日本から届けられた服をどうやって村人たちに配るのか、筆者は戸惑っていた。そこに並んだ村人たちへ、村長さんとＯＫバジが手分けして順々に手渡していた。古着は村人たちにとって本当に必要なのか、そんな考えも私の頭をよぎった。しかし、よく見ていると、そこに並んでいる村の子どもたちの服はボロボロであった。子どもの中には、目が見えない子ども、喋れない子ども、片手を火傷で失った子ども、手の指が火傷で丸く固まってしまっている子どももいた。ＯＫバジから服を受け取った時、子どもたちの表情が喜びに溢れ、その眼がキラキラと光っていた。それが初めてＯＫバジの支援の現場を目の当たりにした最初の体験であった。

②ＯＫバジの家と四字熟語

ドリマラ村にはＯＫバジの自宅がある（**写真3-1**）。

村に暮らし始めた最初の4カ月間、ＯＫバジはテントを張って日々の生活を送っていたが「ＯＫバジの家を建てよう」と村人たちが汗水流して、動力などない中、手作業で建ててくれた家だ。これがＯＫバジが〝城〟と呼ぶ、東パルパのＯＫバジの支援活動の拠点である。〝まえがき〟で述べた竹内さん夫妻が泊まった家である。

ドリマラ村に到着したその日、筆者はＯＫバジが識字教室として建てた後、失敗の連続を経て小学校となった校舎の2階に寝袋を広げ眠った。

翌朝、校舎のすぐ近くの村人の家で朝食をご馳走になった。炒めた野菜と豆のスープ

写真３－１　ドリマラ村のOKバジの家

出所：2001年10月筆者撮影

に炊き立てのご飯。村では米は貴重であるはずだが、お腹いっぱいになるほどご馳走になった。

村人の家を出て、真黄色に咲き誇った菜の花畑を歩き進むと小さな一軒の家があった。それがＯＫバジの家だった。縦横５メートルくらい、１人で住むには十分の大きさだろうか。

中に入ると、壁際に椅子兼用の木のベッドがあった。ＯＫバジの寝床だ。藁のゴザを敷き、その上に寝袋を広げて眠るという。ベッドの横には、手紙がたくさん置かれた木の机。日本から届いた手紙の山。灯油ランタンもある。そこが書斎であった。

部屋の隅には、赤土でできた囲炉

裏。埃がかぶっているようで、ほとんど使われていないようだ。ＯＫバジは、この家にいる時も朝晩の食事は隣の村人の家でご馳走になっている。

それほど大きくない部屋だけれども、なぜか心地よい。土のぬくもりを感じる。少しひび割れた土の壁。赤土と水牛の糞を混ぜて塗りこんだ壁。そこに掛けられていた紙に目が留まった。何かのカレンダーの裏、白い紙面に縦書きに書かれていた４つの四字熟語。


「一日一善、一日一謝、一日一禅、一日一捨」


本書の〝まえがき〟で竹内さんも触れていた、この４つの四字熟語はＯＫバジの日々の「考え方」、そして「より善いを追求する賢慮の生き方」を表している。

最初の２つは、筆者も知っていた。子どもの頃、何かのテレビ・コマーシャルで流れていた記憶もある。「一日一度は、善いことをしましょう。」、「一日一回、感謝しましょう。」、そういう意味だ。

３つ目と４つ目は、ＯＫバジのオリジナルであった。「一日一禅」は、何となく察しがついた。これは、座禅の〝禅〟。一日一度は、座禅をするように瞑想し一日の復習、自らの人生を振り返ろうとのことだと思う。
最後の『一日一捨』とは何であろう。ＯＫバジ自身が生み出したオリジナルの言葉である。

「ものを捨てるというのは簡単。物欲というのはある程度コントロールできて、そんなに難しくない。捨てるのが難しいのは、邪念とか煩悩。怒り、恐れ、よく見せようという見栄、驕り、嫉み…とか、いらないものがいろいろあるじゃないですか。そういうものを捨てたい、捨てられたらいいなぁというのが、僕の憧れなんですね。人間の１０８つの煩悩、あれを少しでも減らしていきたい。そういう意味で、『一日一捨』。」

では、どんな時に『一日一捨』できたと思うのか？その問いにＯＫバジは、こう答えた。

「例えば、人が怒った時に、こちらは怒らずにいると、怒らずに抑えられた。１つ捨てられたと思います。それから、少し自分をよく見せたいと思う時に、すごく自然体で話せた時などは、これも１つ捨てられたと思います。」

こうも続ける。

「なぜ捨てたいと思うのかって、それは捨てられたら楽だろうなと思いますよ。なんていうんだろう、執着がなくなるってことかな。こだわらずに、生きている人っているじゃないですか、執着のない人。そういう人っていうのは、本当に羨ましいですよ。だから何か、一日一捨、執着を全部捨てたいと思った。人間が悩んでいるのは、執着心からだと思ったから。」

ドリマラ村で暮らしはじめ、東パルパの村々を訪れる中で「少年時代の復習」を終え「人間の復習」を始めると、ＯＫバジは息子さんに手紙を書いた。「人間にとってほんとうに必要なものは何なのか。」、「人間が悩んでいるものは執着心かもしれない。だから一日一捨で執着を捨てたい。」と。これはＯＫバジの「人間の復習」の一節なのかもしれない。

3　バライタール村の生徒たち

①蛍の出迎え

ドリマラ村に筆者は3泊した。

筆者は、このドリマラ村でOKバジの支援によって建てられた小学校で教えることになるのだろうと勝手に思い始めていた。その矢先、OKバジが言った。

「ここから、さらに奥の村の学校で9年生と10年生に数学と英語を教えることができる先生を探しています。いかがですか？」

9年生、10年生は日本の中学校3年生、高校1年生に相当する。小学生ですら教えたことがないのに、そんな大きな子どもたちに教えられるかと戸惑ったが、せっかくなので引き受けることにした。

バライタール村は、東パルパの西部に位置するランプール市に属する（**写真3－2**）。OKバジにとってもバライタール村は、ドリマラ村に次ぐ第二の我が家のような村であ

写真3－2　パルパ郡ランプール市バライタール村

出所：2001年12月筆者撮影

り訪れる頻度も多い。ドリマラ村からバライタール村まで、ＯＫバジは幾度となく歩いたそうだが12時間はかかっていた。

バライタール村には、日本大使館からの「草の根無償資金」によって校舎が建て替えられたセカンダリー・スクールがある。サパナ・ミスと呼ばれた竹内弘高さんのご息女の夢子さんもこの学校でボランティア教師を務めたことがある。

このセカンダリー・スクール校舎の建て替えのためＯＫバジと当時の校長のジーバンさんは、何度もカトマンズの日本大使館とバライタール村を往復した。

ＯＫバジと筆者は、ドリマラ村から5時間、ランプールの中心地までジープに揺られた後、そこから徒歩で2時間歩きバライタール村へ向かった。日も暮れ、真っ暗になった夜道をヘッドライトの明かりを頼りに、ＯＫバジの背中を追って黙々と歩いた。筆者は、3カ月滞在分の荷物と学習ドリルの詰まった強烈に重いリュックを背負って歩き、身体の芯から大汗をかいた。やっとの思いでバライタール村のジーバン宅に到着した時は放心状態であった。庭先では無数の蛍が飛び交い、まるで歓迎してくれているようであった。幻想的にキラキラと蛍の光が舞う中、ジーバンさんの家族がＯＫバジと筆者を温かく出迎えてくれた。

②自問自答：「ＯＫバジなら、どうするのであろうか？」

翌朝、ＯＫバジはバライタール村を後にした。村のセカンダリー・スクール、シュリ・クリシュナ・デヴィ校で筆者の授業が始まった。９年生45名と10年生30名にそれぞれ１コマ40分の数学と英語の授業。日曜日から金曜日まで週６日の授業があった。

授業を始めて約1カ月、生徒一人ひとりの名前も覚え、ようやく村の先生生活にも慣れ始めた頃、ある教師から言われた。

「英語の教科書のワークブックを9年生と10年生全員に買ってくれないか？」

英語の教科書の内容に沿って問題が散りばめられたワークブックは、一冊60ルピー。75人分で４千5百ルピー。当時のレートで約7千円程度である。学校にはお金がないから、どうにかならないかという教師からのリクエストであった。

ネパールでは10年生になると、ＳＬＣ（School Leaving Certificate Exam）という全国共通の試験を受ける。英語、数学、理科、社会、国語、経済、保健の７科目の試験結果によって、その後の進路が決まる。中でも村の子どもにとっては英語の試験が難しく、ワークブックがあれば勉強がはかどり試験対策になると、その教師は言った。

生徒にとって本当に必要ならば買ってあげたいと思ったが、その一方で、リクエストが来たからと、あまりに簡単に引き受けるのもよくないとも思った。悩んだ結果、その時は「ごめん、お金がないから…。」と、教師からのリクエストを断った。

それで、一件落着と思った翌日、10年生の英語の授業中、生徒の１人が手紙をくれた。そこには、こう書いてあった。

「From 10th class students, Sir, please buy us workbooks.（先生、私たちにワークブックを買って下さい。10年生一同より）」

むむむ…、悩んだ。本当に必要ならば、そのワークブックを買ってあげたいという気持ちも沸いてきたが思いとどまり、３つのことを黒板にチョークで書いた。

(1)人のお金をそんなに簡単にあてにしてはいけない。
(2)実際に、その英語のワークブックを使ってみた生徒はいるのか？　いま持っている教科書で十分でないのか？
(3)もし本当にワークブックが必要で、他にワークブック代を頼る方法がないのなら、またリクエストして下さい。

そして「みんなでよく考えて話し合って、1週間後に返事をください。」と、10年生に伝えた。

その日の夜、ジーバン宅の寝床で寝袋に包まり、筆者は自問自答を繰り返した。

「果たして、10年生への対応は、あれでよかったのか。OKバジなら、どのように答えたのだろうか。」

OKバジに無性に会いたかった。会って相談したかった。

1週間が経った。放課後、ジーバン宅に戻って翌日の授業の準備をしていた筆者のもとへ10年生のスリラム君が訪ねてきた。彼はクラスの代表として、こう伝えた。

「みんなで、よく話し合いました。ワークブックは特に必要ないことがわかりました。今、自分たちが持っている英語の教科書で十分に勉強ができると思いました。『ワークブックを買って欲しい。』と簡単にお願いしてしまい、10年生全員、すまないと思っている…。」

スリラム君の話を聞いて、なんだか心がつながった気がして嬉しかった。ホッとした。その日の晩、ＯＫバジの顔が思い浮かんだ。筆者にとっては、初めて村人からのリクエストを受けた体験であった。日々、村から村を巡るＯＫバジが村人から受けるリクエストの数といったら半端ではないだろう。ＯＫバジは、どのように一人ひとりの村人と向き合い、1つ1つの支援リクエストに応えているのだろうか。ＯＫバジの村巡りに同行してみたいと、そう強く思うようになっていた。

③人生で最も感動した一日

バライタール村のシュリ・クリシュナ・デヴィ・セカンダリースクールで筆者が授業を始めて3カ月が経とうとした頃、生徒から手紙を1通もらった。「Farewell Picnic（お別れピクニック）」の招待状であった。この頃には9年生と10年生、生徒一人ひとりを名前で呼べるようになっていた。始めの頃に比べて、生徒たちとの距離も近くなったと感じていた。

バライタール村出発まで、あと1週間となったその日。ジーバン宅から西へ歩いて約10分、だだっ広い芝生の広場へと行った。すでに9年生と10年生が集まっていた。その中に1頭の黒いヤギがいた。たぶん…と思ったら、やはりそうだった。筆者の目の前でヤギの首が落とされた。真っ青な青空を背景にヤギの身体から真っ赤な血が飛び散った。ショッキングだった。しかし、それは9年生と10年生がお金を出し合って買ってくれた1頭のヤギだった。そのヤギと生徒たちが持ち寄った野菜でカレーをつくり、みんなでありがたくいただいた。

料理の準備ができた時、みんなで輪になり、それから座った。筆者もその輪に加わった（**写真3－3**）。生徒の司会でセレモニーが始まった。間もなく村を離れる筆者に向けて、生徒一人ひとりが順番にスピーチしてくれた。英語で話す生徒、ネパール語で話す生徒、一人ひとりの気持ちが伝わった。目を潤ます子、うつむく子、この子たち泣いているよ、と言うその子の目にも涙が浮かんでいた。スピーチが進んで行く。男の子も女の子も泣いていた。最後に、筆者のスピーチの順番が来た。

先生らしく笑顔で話そうと決めていた。出だしは順調。だけど「…おかげで、たくさ

写真3－3　お別れピクニックの様子

出所：2001年12月筆者撮影

んの思い出ができました。」と、そう言おうとした瞬間、声が出なかった。声を出そうとすれば、変に裏返ってしまいそうで声が出なかった。ただただ、涙がとまらなかった。

「また来て！」と言う生徒の言葉に「また来る。」と答えるのが精一杯だった。

ＯＫバジが言っていた。「村の子どもたちは本当にピュアです。」と。その子どもたちのピュアな気持ちに筆者の心は震わされた。ＯＫバジが、なぜ村の子どもたちの支援を続けるのか、少しわかった気がした。

あの「お別れピクニック」の1日は、筆者の人生において最も感動した1日となった。

それ以来、筆者はバライタール村を毎年訪問することとなった。

4　ＯＫバジは、課題解決の真のプロ

①ＯＫバジと初めての村巡り

２００１年12月の終わり、筆者がバライタール村を離れる前日、ＯＫバジがシュリ・クリシュナ・デヴィ・センカンダリースクールにやって来た。翌日から村歩きに一緒に出かけるためであった（図３－１）。

村の学校での最後の授業を終えて、校庭に集まった生徒たちを前に筆者からメッセージを伝える場が設けられた。ＯＫバジもそこにいた。バライタール村に滞在中、日本の歌を教えてほしいと言われ、生徒たちに紹介したのは坂本九さんの「上を向いて歩こう」であった。“Sukiyaki Song”と呼ばれ日本国外でも人気のあったその歌を生徒たちに覚えてもらおうとしたが、なかなか上手くはいかなかった。筆者は、お別れの挨拶として、その歌を生徒たちの前で歌った。冒頭の「上を向いて歩こう　涙がこぼれないように…」あたりまでは、何人かの生徒が一緒に口ずさんでくれたが、その先は筆者の独唱となった。が、すぐに誰かの声が聞こえてきた。ＯＫバジが歌ってくれていた。

翌朝、朝日が昇った頃、ＯＫバジと筆者はジーバン宅を出発した。生徒たちも村の外

図３－１　2001年12月OKバジとの村歩き（３泊４日）ルート

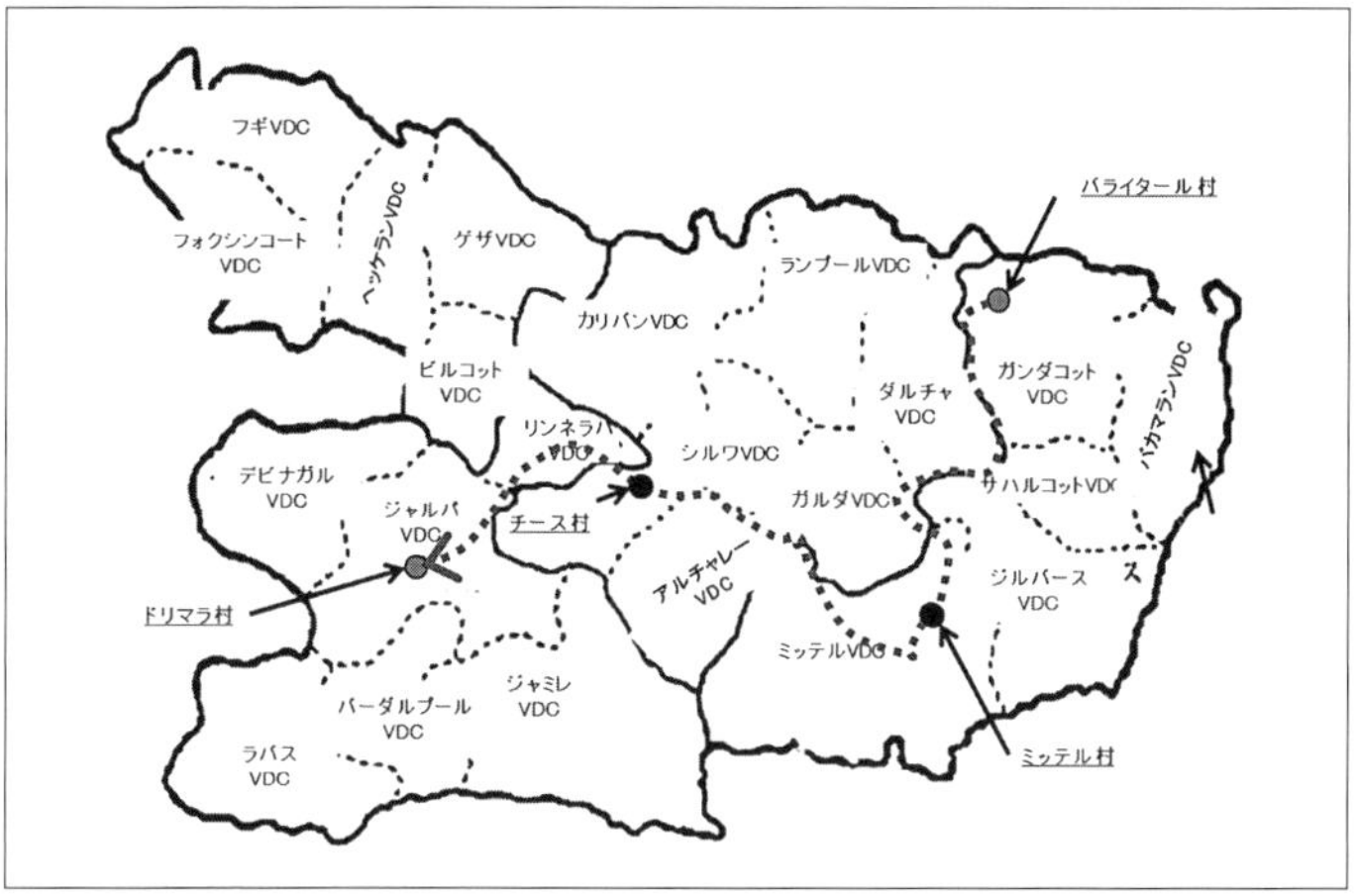

出所：垣見一雅（2001）『OKバジ：村人の魂に魅せられ、ネパールの山奥に住みついたひとりの日本人』（サンパティック・カフェ）を基に筆者加工

れの丘まで見送ってくれた。しばらく歩いて、その丘を振り返った時、丘の上からバライタール村の生徒たちが見送ってくれていた。真っ白なアンナプルナ連峰を背にした丘の上で、歩いては振り返り、また歩いては振り返っても、生徒たちはずっと見送ってくれていた。

「また会いたい、またバライタールに来たい。」と筆者はそう思った。

バライタール村を後にして、ＯＫバジと筆者は川沿いの道を歩いて、南の山間の村を目指した。２時間近く歩いたところで、キルティプールという村に立ち寄った。

そこで、ＯＫバジがおもむろに筆者

に聞いた。「生き地獄を見ますか？」と。

ＯＫバジの真剣な眼差しに筆者も覚悟を決めた。

「ハイ」と短く答え、ＯＫバジの後を追った。

薄暗い狭い路地を通り抜け、裏庭に出たところにその少女はいた。

最初にその少女の顔を見た時、左目に何か突き刺さっているのかと思った。ワインのコルクか何かが…。彼女は顔に皮膚ガンを患っていた。右目はすでに取ってしまったらしい。左目はガンによって飛び出ていた。

少女の顔の上半分は赤くただれてしまっているが、かわいらしい面影はしっかりと残っている。筆者は言葉を失った。

その数年前、ＯＫバジはカトマンズで治療が受けられるようにと、少女の両親に1万ルピー（約1万6千円［当時の換算レート］）を手渡し、少女はカトマンズの病院で診断を受けた。しかし、治療できる望みはすでになかった。その後、ラジオが聞きたいという少女からのリクエストに応えて、ＯＫバジはラジオをプレゼントした。

それからもキルティプール村を訪れるたびに、ＯＫバジは、この少女のところに立ち寄り続けた。この6年後の２００7年夏、少女が息を引き取るまで…。

キルティプール村を後にしたＯＫバジと筆者は、標高約1千百メートルにあるミッテル村を目指して山道を登り始めた。標高約3百メートルのキルティプール村から一気に標高差8百メートル登ることになる。暫くして村人2人と出会った。ＯＫバジが立ち止まって彼らと何か話しをしていた。ＯＫバジが助けようとしたが、数年前に亡くなってしまった少年の両親であった。

次の村で立ち寄ったのは、筋ジストロフィーによって筋力を失い35年間寝たきりの青年の家であった。ＯＫバジが来たことがわかると、青年は温かい笑顔で迎えてくれた。青年はＯＫバジに会うたびに「車イスが欲しい。」と言うそうだ。車イスに乗ってどこかに出かけたいのだ。でもＯＫバジはその望みを叶えることができなかった。険しい山道の脇にある青年の家の周辺はデコボコで狭い急坂ばかりで、車イスを使うことは困難であった。ＯＫバジにできることは青年の生活支援として毎月１００ルピー（約１６０円）を支給することであった。

そこから急な山道を黙々と登ること約3時間、気がつけば猛烈な空腹感が筆者を襲った。同じタイミングでＯＫバジが言った。「お腹空きましたね。もう歩けないかも」。山道を登り始める前に立ち寄った茶店でインスタントラーメンを食べてから何も口にしていなかった。

尾根の向こうには、目的地のミッテル村が視界に入っていた。だが、空腹のあまりＯ

Kバジも筆者も動くことができない。リュックを肩から外し、とりあえず、その場所に腰を下ろした。さて、どうするか。

リュックの中に1袋のカロリーメイトがあったことを筆者は思い出した。1袋に2本のカロリーメイトをOKバジと1本ずつ分け合った。一息ついて立ち上がり、再び歩き出すことができた。そして、山の天辺にある村ミッテルに到着した。北の空には、真っ白なヒマラヤの山々がよく見える。その晩は、副郡長の家に泊まらせてもらった。まるでどこかのロッジのように大きな2階建ての家で、ソーラーパワー（太陽電池）で夜になっても明かりがあった。

翌朝は朝食に卵焼きをいただき、次の村を2人は目指した。途中、ドブラという村では土壁が半壊、茅葺の屋根も朽ちかけた幼児教室に寄った。6畳程度の広さの教室が2つあり、3歳から5歳の子どもたちが通い、ネパール語、算数、英語を学んでいた。OKバジを通した日本からの5万円の支援で、この学校の建物も建て替えられる予定であった（**写真3－4**）。

ドブラ村を後にして、その日の宿泊地であるチース村に到着するまで、日本では会うことのないような怪我や病気に悩んでいる子どもや大人に大勢出会った。料理中、両足に煮えたぎった油をかけてしまい大火傷を負った男性、義足が壊れかかった女性、足の

写真３－４　ビフォー＆アフター：ドブラ村の幼児教室

出所：写真（左）2001年12月筆者撮影、写真（右）2002年 OK バジ撮影

かかとが欠けてしまった男性、象皮病によって足が通常の２倍くらいに膨れ上がった女性、そんな村人たちがＯＫバジに助けを求めてきた。

頭に爛れたような腫れものがいっぱいできた少女に出会った時、筆者は思わず息をのみ顔を背けてしまった。しかし、ＯＫバジは「あら、どうしたの？」とまるで自分の娘に接するように、その少女の頭を抱えて、その症状を見ているのであった。

「日本だったら、すぐに病院に行けるのに、村人はすぐに病院にいくことができない。病院は近くにはないし、治療費を払う余裕もないから。だから、こんなふうに悪化してしまうまで、みな放っておいてしまうんです。」

と、ＯＫバジが説明してくれた。

助けを求めてきた村の大人や子どもたち一人ひとりにOKバジは手紙を書いていた。リュックからノートを取り出してボールペンで何か英語を書いている。ネパールで1冊、10ルピー（約16円）で買えるノートのページに手紙を書いて、そこに「垣見一雅」と漢字でサインをした。そのページをノートから破って村人に手渡す。村人に渡したその手紙は何なのか。

「こうやって、僕のサイン入りの手紙を村人が持って、タンセンのミッション・ホスピタルに行くと、無料で診察してくれます。病院での費用は、後でミッション・ホスピタルが僕の口座から引き落とすという仕組みです。

最初の頃は、自分のポケットマネーを現金であげていたのだけど。病院代として使わずに、だいたい、米やオヤジさんのロキシー（自家製の焼酎のような酒）代になっちゃう。でも、それを続けていたら、ある時、タンセンのミッション・ホスピタルが、わかってくれて、今の仕組みができたわけです。」

ミッション・ホスピタルとは、バス転落事故でOKバジが3カ月入院した病院だ。そのドクターがOKバジに提案してできた仕組みであった。

②チース村と村巡りの回想

その日の夕方、山間のチース村に到着。隣の村からも遠く、チース村のことをＯＫバジは陸の孤島と呼ぶ。川岸から40分かけて、ほぼ垂直に感じる山道を一気に登ると、このチース村に辿り着くことができる。

山の中腹のチース村には、その当時、13世帯が暮らしていた。ＯＫバジの支援が入るまで、ここの村では水汲みに毎朝1時間以上要していた。川まで下って20分。汲んだ水を持って山道を40分登るのが村人の日課となっていた。ＯＫバジを通じた日本からの支援で村に水道ができた。チース村より高い位置にある水源のそばにコンクリートのタンクをつくり、水源からの水を貯める。そのタンクからゴム製のパイプでチース村の各家庭の庭先につくった水場まで水の高低差があるので自然と届く。チース村に初めて水が来た時、村人は多いに喜んだ。

１９９５年にＯＫバジが初めてチース村を訪れた時、村には学校がなかった。１５０人の村の人口のうち55人が学校に通うはずの年頃だった。チース村の大人は読み書きできない。村には教師もいなかった。チース村から最も近い学校まで歩いて3時間かかった。

その現状を知ったＯＫバジは「子どもたちには学校で学ぶ機会を与えるべきである。」と村の大人たちに強く説いた。チース村の大人たちも皆が賛同した。その5カ月後、Ｏ

写真３－５　チース村とウーマンさんの家族

出所：2001年12月筆者撮影

Ｋバジが集めた日本からの支援金によって、チース村に小学校ができたのであった。

ＯＫバジと筆者は、チース村に２泊した。それまで、ＯＫバジと共にチース村を訪れた日本人が何人かいた。その誰もがチース村の印象と言えば、宿泊と食事を世話になった家の主人のウマンさんの笑顔を思い浮かべる。誰もが、ウマンさんの人懐っこい純粋無垢な笑顔に惹かれるのである（写真３－５）。

チース村を出発し、チースの村人が力を注いでいるという灌漑用水路の建設現場に向かった（写真３－６）。ＯＫバジが教えてくれた。「村人にとってこの灌漑用水路の建設は、次世代の子どもたちへのプロジェクトである。」と。川から村の土地に水を引くことができれば、米をつくることができる。子どもたちにはいつでも米が食べられる生活を送らせたい。それがこのプロジェクトの原動力になっていた。上流の川から約２キロメートルの用水路をノミと

写真３－６　チース村の灌漑用水路の建設現場

出所：2001年12月 OK バジ撮影

金槌だけでコツコツと岩を削って掘り進んでいく。硬い岩に出くわした日は、一日１メートルしか掘り進めないこともある。４年計画の、この灌漑用水路の建設資金もＯＫバジが日本から集めたものだった。試しに、筆者もノミと金槌を手に取って岩を削ってみた。

ものすごく硬い岩であった。そう簡単に削れるものではない。3打、4打とノミを打つうちにあっという間に手のひらにマメができ痛みが走った。持っていた作業用の軍手を使い、筆者の手の痛みは少し和らいだ。余分にあった軍手を村人に手渡した。早速、村人の１人が軍手をはめてノミを打ってみたが、丈夫であるはずの軍手がすぐに破れた。「こんなのは、弱くて使えない」とその村人が言った。村人の手のひらは軍手より強いのであった。人間は鍛えれば強くなるものだと思った。

同時に、筆者は前の晩のウマンさん宅での夕食であった出来事を思い出した。

村での食事は、土間にゴザを敷いて、そこに胡坐《あぐら》をかいて食べる。大きなお皿にたっぷりのお米と、その日取れた新鮮な野菜にスパイスを効かせて炒めたものと豆スープをフォークやスプーンを使わず素手でいただくのだ。ウマンさん宅に招かれたOKバジと筆者はゴザに胡坐をかいて、目の前に置かれた夕食を食べ始めていた。その時、筆者の目の前1メートルくらい先から何やら、おかしな生き物がトコトコと歩いてこちらに向かってきた。どこかで見た記憶があるけれど、そんなに間近で見るのは初めてだった。全長7～8センチメートルのサソリだった。

「えっ、サソリだ」驚いた時には、ウマンさんの奥さんがそのサソリを素足で踏みつけていた。踏みつけられたサソリもしぶとく、一発ではくたばらない。一度踏まれたところで、毒針のある尻尾を真っ直ぐ上に突き上げた。そしたら、また奥さんが今度は素足のかかとでグリグリと尻尾の上からサソリを踏み潰した。とても驚いた出来事であった。改めて人間って強いのだと思った。

灌漑用水路の建設現場視察の後、いくつかの村を訪れ、ＯＫバジの〝城〟のあるドリマラ村へ向かった。ドリマラ村への道は登りっぱなしの急な登山道を歩いた。しっかりと腹ごしらえをして登った。ひたすら登ること約１時間。大汗をかいた。

こんな厳しい山道をＯＫバジは、何度往復したのか。そんなことを思いながら、山道を登り、見晴らしが最高のところで一休みした。吹きわたる風は心地よく、気分爽快であった。ドリマラ村までは、あともう少し。緑に溢れた山々を眺めながら、筆者は３泊４日のＯＫバジとの村歩きを振り返った。

「こうしてＯＫバジと歩いてみてわかったことは何か。村には、困っている人が多くいる。助けを求めている人がたくさんいる。そして、１人でもできることが必ず何かある。

ＯＫバジは村から村を自分の足で歩き村人に直接会うことで、いろんな村人のニーズを自分の眼で見て、感じ取っていく。それは歩きながらのマーケティング・リサーチそのものではないか。

必要な資金を集め、１つ１つのプロジェクトを村人と共に立ち上げ、新しい価値を創造している。その姿は、ある意味、ビジネスマンのロールモデルではないだろうか。

資金を提供してくれた方々へのレポートは欠かさず、心配りもきめ細かい。自分のお金がこんなに役に立ったと知った支援資金の提供者は、再びＯＫバジに託したくなる。そして他の友人にもＯＫバジの活動の様子を伝える。そうやって、支援の輪が広がっていく。」

そんなことを追想していた時、筆者の心の中に、竹内さんの一言が思い起こされた。竹内さんは、ＭＢＡの学生たちに向かい、常日頃こう言っていた。

「お前たちは、Professional Problem Solver（課題解決のプロ）になれ！」

その竹内さんの言葉がＯＫバジの姿と重なった。村から村を歩いて課題解決、そして新たな価値を創造するＯＫバジの姿を目の当たりにして筆者は心の中でこうつぶやいた。

「OK Baji is a true problem solver!（ＯＫバジこそ、課題解決の真のプロだ！）」

第4章

ありのままのOKバジ

本章では、筆者の直接経験から〝ＯＫバジのありのまま〟を垣間見た、いくつかのエピソードを紹介したい。

１　ＯＫバジの支援の意味

① Simple Life, High thinking というＯＫバジの生き方

２００２年の夏、日本に一時帰国したＯＫバジと再会した。そこで、２００１年に発刊したＯＫバジの自叙伝『ＯＫバジ：村人の魂に魅せられ、ネパールの山奥に住みついたひとりの日本人』に、サインをお願いした。本の表紙をめくると、そこに書かれていたのはＯＫバジのサインと、ある言葉であった（**写真４－１**）。

写真４－１　OKバジの自叙伝の表紙とOKバジのメッセージ

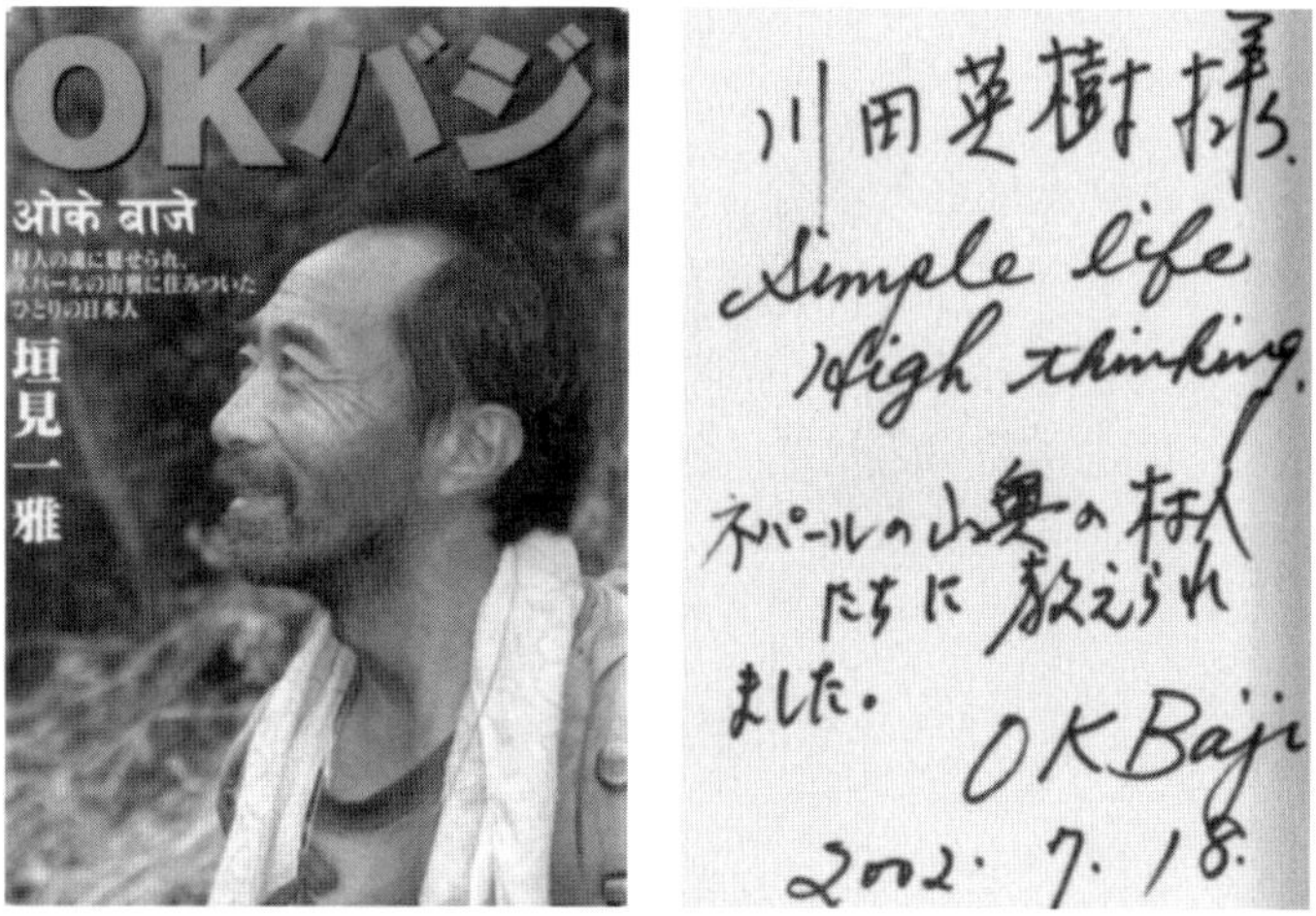

出所：筆者撮影

「『Simple Life, High thinking.（シンプル・ライフ、ハイ・シンキング）』ネパールの山奥の村人たちに教えられました。」と書かれていた。OKバジが言った。

「最初にネパールに行った時に、これいい言葉だなと思って記憶に残りました。人に会うたびに紹介しています。ネパールの村で生活していると、シンプル・ライフは、そんなに難しいことではないと思う。だけどハイ・シンキングが難しい。」

OKバジにとって、シンプル・ライフとは？

「村人の生活は〝働く〟、〝食べる〟、〝寝る〟。僕が昔、マラソンに夢中になっていた頃は〝走る〟、〝食べる〟、〝寝る〟だった。そんな生活が複雑なことが何もなく僕にとっては大切でいい生活…今の僕の村での生活は、〝歩く〟、〝食べる〟、〝寝る〟。

村人は、働くこと、食べること、寝ること、それが人間の原点と感じています。生きるとは、こういうことなんだなと思います。日本みたいな複雑なものが一切ないでしょ。村人たちにしてみれば、よく働いて疲れた身体で、食べること、飲むことも含まれるかも。そして寝る。ある時こんなことがありました。『寝ること、働くこと、食べること、この3つでなんで幸せじゃないの？』と村人が言ったら、それを聞いていた同じネパールでもカトマンズから来た人がつぶやいたんです。

『そんなことは、犬だって猫だってやっているじゃないか…。』

そしたら、村の人がニコニコ笑って『俺はこれでいいの。俺はこれで幸せなんだもん。』と返した。相手がどんなに挑発的になっても、その村人は『俺は、この3つがあればいい。』と言っていました。

働くこと、食べること、寝ること、こんな簡単なシンプル・ライフがあるんだって、その時、僕も気づかされました。

村人は、雨が降っている中、文句を言わずに重いものを背負って歩いていく。家畜の餌となる切り落とした木の葉を背負って急な坂道を黙々と登っていく。木の葉だけではない、燃料となる燃し木の山、50キログラムもある米袋なども背負って、急な坂道を黙々と登っていきます。ものすごく暑い中も、50キログラムもある米袋とか木を担いで登ってきて、僕が『大変だね、重いでしょ。』と言うと、村人は『食べるためだから、カナパルチャ（食わなきゃ）。』って。まったくの不平不満を感じさせずに言うんです。自分たちの苦労とかに執着しないんですよね。ただ『カナパルチャ（食わなきゃ）。』と。そんなシンプルだけど、たくましい村人の生活に惹かれます。」

働くこと、食べること、寝ること、という村人のシンプル・ライフ。それはOKバジが東パルパの村々で「人間にとってほんとうに必要なものは何なのか」を考える人間の復習を進める中で見つけたことかも知れない。

シンプル・ライフ、ハイ・シンキングのハイ・シンキングとは、OKバジはどう捉えているのだろうか。どのような時にハイ・シンキングと感じるのだろうか。OKバジの答えはこうだ。

「そうですね、やっぱり、他人のことを考えられる時かな。selfless（無私、無欲）

で他人のことを考えられる時かな。そういう考えをできた時には自分の精神も高まっている時なのかなと思うことはあります。

まず自分がセカンドになって、まわりの人がファーストになった時、selflessが高まると言えるんじゃないかな。それがハイ・シンキングかな？」

ＯＫバジは、そんなハイ・シンキングを日々感じているのだろうか。

「日々感じられたら一番いいのだけども、いろんな要望が来たり、いろんな病気の子が来たりして、例えばこの子に会いに行くっていう時に、自分がファーストになっちゃうと、あんな遠くまでは行けないと、会いに行くのがいやになってしまうこともあります。

ところが、自分のことを忘れられて時には2時間でも3時間でも歩いていける。行った時には、すごく報われるわけです。そのことを知っていながらも、その2時間も歩きたくないという自分の気持ちに勝てないこともあります。例えば、その村まで、どのくらいかかるのって聞いてしまう。どのくらいかかるのって聞くこと自体がおかしいんだけれども。4時間って言われて、いやだな、行かないっていう時は、やっぱり、自分のセルフが出てしまっている。でも、やっぱりそれだけ時間をかけて歩いて会いに行くじゃないですか。そうすると、それだけ時間かけて行ったって後悔したことはないんですよ。日々、葛藤ですかね。

こんなこともありました。ある時、ある村で火事があって10軒の家が焼けてしまった。家を焼かれた村人が住む場所を無くしてしまった。そこへ行って見てくれと言われた時、正直、面倒くさいなあ、行かないという気持ちも少しよぎりました。けれども、その時に自分の気持ちをコントロールして腰をあげて、その村に向かって歩き出すと、そこに着くまでの時間も、どんな人たちが待っているだろう、何ができるんだろうって考えるのはすごく楽しいのです。そして、やっぱり来てよかったなと思える。

そうやって、自分を捨てるというか、自分をコントロールするってことが、ハイ・シンキングなんだと思います。」

OKバジは、悩み葛藤しながらも、東パルパの村人たちのシンプル・ライフ、ハイ・シンキングという村人の生き方に惹かれ、そんな生き方を続ける村人たちの役に立ちたいと村から村を訪れている。

「〝歩くコト〟、〝食べるコト〟、〝寝るコト〟」そんなOKバジのシンプルな生き方、そして私心をなくし、利他に生きるOKバジのもとに日本の多くの人々から支援が集まっている。OKバジの自叙伝の裏表紙にサインと共に書かれた〝Simple Life, High thinking.〟という言葉からはOKバジのそんな支援のあり方に気づかされるのである。

②1つの疑問と〝ベーシック・ニーズ〟

筆者は、2001年に初めてのバライタール村滞在以来、生徒たちから「また来てね。」と言われ「また来るよ。」と応え、繰り返しバライタール村を訪れるようになっていた。2003年の1月に2回目の訪問でバライタール村に六週間滞在し、さらに同じ年の12月にも訪問し翌年の3月まで3カ月間滞在した。

そして2004年1月、OKバジとの最初の村巡りから3年、再びOKバジの村巡りに同行するチャンスを得た。

バライタール村に滞在し村人と生活を共にするにしたがって、筆者は村に必要なことは、村人自身が持続的に自立していくことではないかと思い始めた。同時に、東パルパの村々でのOKバジの支援活動に惹かれる一方で何か〝違和感〟みたいなことも感じ始めていた。何もないからと外部からの支援が与えられれば、その外部からの支援に依存するようになってしまうのではないかとも考え始めていたのだ。外部からの支援は、その村人が自立するチャンスを奪ってしまうのではないか、そんな疑問を筆者は抱きはじめていたのであった。そこで、もう一度、OKバジと歩いてOKバジのやっていることをありのままに実感してみたいと思うようになっていた。

2004年1月1日、元旦にOKバジと筆者は陸の孤島のチース村で待ち合わせをした。そこから1月9日まで寝袋を詰め込んだリュックを背負い、再び東パルパの山間の村々を歩き巡った（**図4-1**）。

OKバジとの村巡りで、筆者は〝ハッ〟とした時があった。ドゥンダーラとサハルコットという2つの村を訪ね、あることに気づかされた。

チース村を出発しOKバジと歩き出してから5日目。1月7日の朝に訪ねたドゥンダーラ村にはトイレもなく水道も引かれていなかった。村の学校の壁は朽ちかけていた。この日の夕方に訪れたサハルコット村は対照的で、トイレも水道もあり、学校の壁も頑丈なコンクリートでしっかりしていた。2つの村は山を3つ、4つ隔てただけ、どちらも尾根沿いにあり標高も同じ1千メートル程度。それなのに村の開発レベルはまったく違っていた。その大きなギャップに驚かされた。

ドリマラ村で暮らし始めた当初は英語で村人とコミュニケーションをはかっていたO

図４－１　2004年１月OKバジとの村歩き（６泊７日）ルート

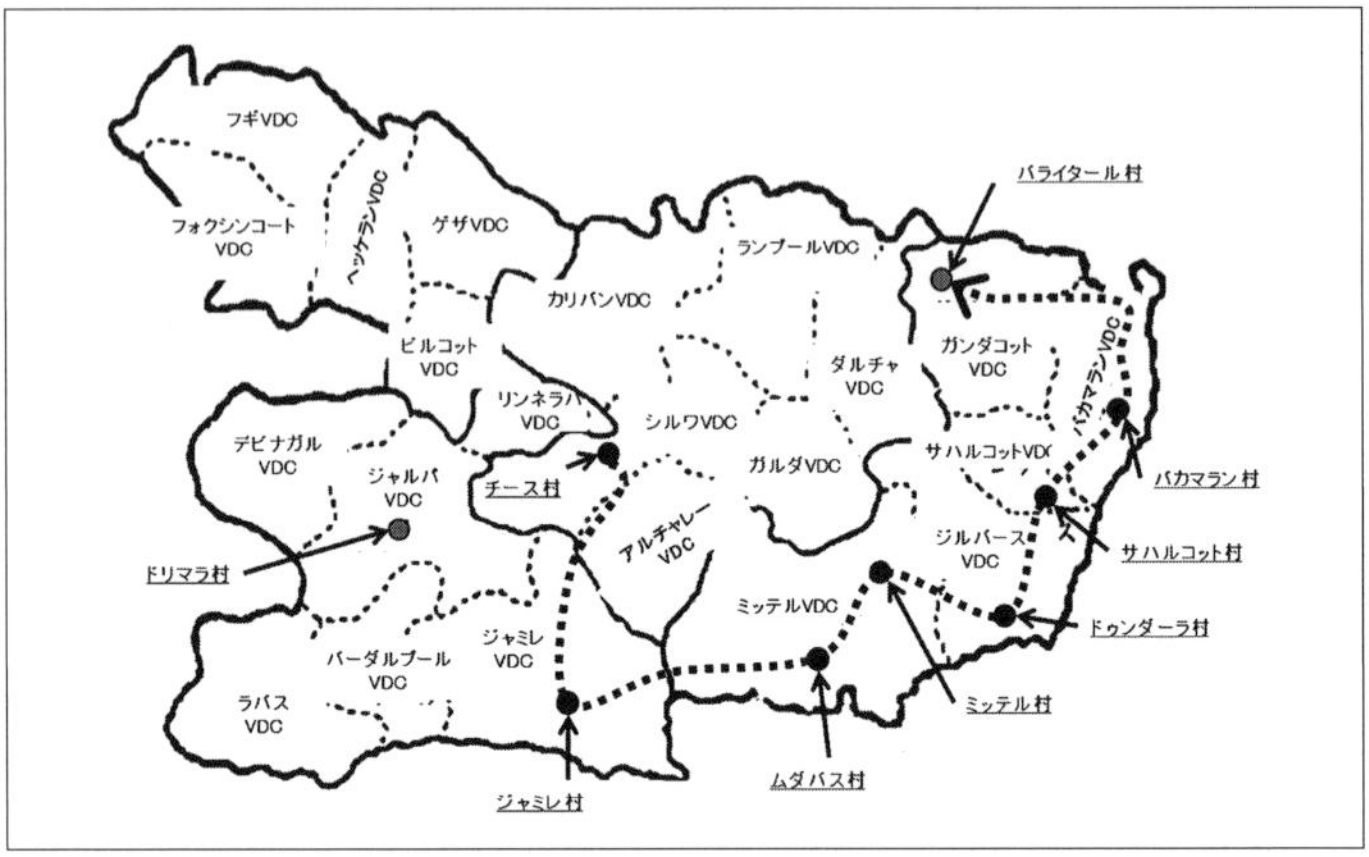

出所：垣見一雅（2001）『OKバジ：村人の魂に魅せられ、ネパールの山奥に住みついたひとりの日本人』（サンパティック・カフェ）を基に筆者加工

Ｋバジであったが、この時は流暢なネパール語をすらすらと話し、直接、東パルパの村人たちとコミュニケーションを取ることができていた。大勢の村人を前にしてもＯＫバジはネパール語を自在にあやつり、時にはジョークをとばし人々の心を惹きつけ、しっかりとつかんでいた。

ところが、ドゥンダーラ村では、ＯＫバジのネパール語が通じなかった（**写真４－２**）。ＯＫバジが言うには、「彼らが話すのもネパール語なんだけど、なぜか通じない。」とのこと。地元の学校の先生が真ん中に入ってＯＫバジの通訳となった。

ＯＫバジにとっても辺境の村、そん

写真４－２　ドゥンダーラ村

出所：2004年１月筆者撮影

なドゥンダーラにＯＫバジと筆者の２人が到着すると、同時に続々と村人が集まってきた。
午後７時過ぎ、夕食の時間になり、案内された家の中には、溢れんばかりのたくさんの村人がいた。一日中山道を歩き続け、疲労のピークであった筆者は、夕食の後はすぐにでも眠りにつきたい気持ちであった。そんな筆者の様子を察したのか、ＯＫバジが言った。

「きっと僕らが夕食を食べ始めれば、皆は帰り出すでしょう。」と。

ところが村人たちは帰る気配がまったくない。夕食を終えた午後８時過ぎ、案内された畳１畳ほどの木のベッドにゴザを敷いて寝袋を広げる。この日もよく歩いた。筆者は疲れた身体を寝袋に入れて早く眠りにつきたかった。
ウトウトし始めた頃、筆者が何となく人の気配を感じてパッと眼を開けたら、何と、3～4人の村人が枕元に立って筆者の顔を覗き込んでいた。「枕が必要なんじゃないか」、「水は欲しくないか」、「寒くないか」と村人がかわるがわる聞いてくる。「ティクチャ、ティクチャ、（大丈夫、大丈夫）」と言ってみるが、人の気配はなかなか消えずに眠りにつくことができない。しばらくしてソーラーパワーの灯りが消され、やっとこれでゆっくりと静かに眠ることができると思ったら、村人の話声がまだ聞こえてくる。

筆者と反対側の壁沿いのベッドで寝ていたOKバジが村人たちに伝えた。「僕たち、眠れないから、静かにしてくれる？」と。

それで、少し村人の気配が遠のき、やっと静かになったと思ったら、今度はトクトクトクとロキシー（自家製の酒）を注ぎ合う音が聞こえてきた。隣部屋のコーナーの囲炉裏の周りで酒盛りが始まったようで、村人のひそひそ話し声は一晩中止むことはなかった。

翌朝、OKバジに聞いた。

「昨晩は、村人たち、ずっとペチャクチャうるさかったですね。なかなか眠りにつくことができませんでした。何で、ずっと話していたのですかね？」

OKバジからは予想外の答えが返ってきた。

「村人たちは、僕たちに寂しいと感じさせたくなかったんですね。いつも自分たちは、そばにいると知らせたかったんですね。」

なんて温かい、ホスピタリティだろうと悟った。

ドゥンダーラ村の朝。OKバジの到着を楽しみにしていた、たくさんの村人が集まってきた。筆者はトイレに行きたくなった。でも、ドゥンダーラ村にはトイレはない。村長らしい村人が、トイレの場所まで案内してくれた。４～５分歩いて、人気のない畑へ案内してくれた。そこがトイレの場所だ。まさに、開放感たっぷりだ。正面の空には、真っ白なヒマラヤが見える。筆者はズボンを下ろして、しゃがんで、さあ、と思ったら、案内してくれた村長さんが視界の左上に入った。畑に入る道の角からこちらを眺めていた。「えっ…」と思って、そのまま、右の方にスリスリとカニ歩きする。すると一緒に、村長さんも角から出てきて、筆者が動いた分近づいて止まる。さすがに人に見られていると出るものも出てこない。また、カニ歩きで隠れようとするが、村長さんも近づく。何とか身振り手振りで伝えると、わかってくれたみたいで筆者から離れて行った。

前の晩と同じであると感じだ。見知らぬ土地で、遠い異国から来た日本人を1人ぼっちにさせてたくなかったのであろう。村人の純粋な気持ちが伝わってきた。

村人が集まっている場所に戻ると、ＯＫバジは足を骨折した少年の様子を見ていた。少年の父親が、あるビジネスマンから1カ月5％の高利子でお金を借りて、少年の治療をしたらしい。ＯＫバジは地域のクラブに1万ルピーの小切手を渡し、その借金を肩代わりするように伝えた。ＯＫバジにはその少年の家が貧しいかどうかわからないが、地元の人たちならわかる。少年の父親にではなく村人たちがいるみんなの前で、地元ＮＧＯのリーダーに1万ルピーを託した。少年の父親は、働きながら無利子でコツコツとＮＧＯに返済していくのである。

ＯＫバジのもとには、次から次へと村人が陳情に来る。連れられて来た子どもの多くが、お腹が驚くほどにプックリと膨れているのが気になった。お腹に虫を抱えているか栄養不足が原因かもとＯＫバジが教えてくれた。

崖から落ちて足を骨折し病院に行ったが手遅れだったという女性も来た。足を折ってすぐに病院に行けなかったので、骨が曲がったまま固まってしまっていた。

午前10時、村人たちは、先に日本から送られていた服を配布する準備を始めた。たくさんあった服の山が60の小さな山に分けられていく。一山には3～4枚ある。この村には60軒の家がある。60軒分に分けているようだった。服を分けるのは、わずか2〜3人。残りの大勢の村人は「あれは何だ？あれが欲しいな。」と盛り上がっている。1時間経っても準備ができない。もっと効率が良い方法もあるのではと思ったが「それ自体が村人のお祭りなんです。」とＯＫバジが言った。お昼の12時前、1軒1軒の代表がクジを引いて当たった番号の山から服を持っていく。みんなとても楽しそうだった。

この後、昼食をいただいたが食べ終えると、まだまだ次から次へとＯＫバジのもとに村人がやってくる。それぞれが抱えている問題や要望をＯＫバジに相談する。ＯＫバジは、村人一人ひとりの要望をノートに書き取っていく。ドゥンダーラはＯＫバジにとって初めての村。解決できそうな問題と要望がたくさんあったのだろう。ＯＫバジのノートに続々とそれらの要望がリスト化されていった。

そんな中に、心臓が悪い子がいた。「この子の胸を触ってみて」とＯＫバジに言われ、筆者はその子の胸にそっと手を当てた。心臓の鼓動がバクバクと今にも破裂しそう。自分の胸にも触ってみた。あきらかに心臓の鼓動が普通ではないことがわかる。支援がすぐに必要だった。

午後2時過ぎにドゥンダーラ村を出発し、次の目的地を目指した。途中、2つの村に立ち寄って、午後5時半、サハルコット村に到着した。この村は地元のNGOが主体的

写真４－３　サハルコット村のローカルNGOのオフィス

出所：2004年１月筆者撮影

に村の開発に取り組んでいる。ＯＫバジを通じた日本からの支援金で購入した材料と村人の無償労働によって建てられたＮＧＯのオフィスに立ち寄った（**写真４－３**）。これは、村民参加というＯＫバジの支援活動の１つのやり方であった。日本からの支援金だけで建てられた建物だと「これは日本が建てたものだ」と村人たちは愛着が持てなくなるという。一方で、村人が汗水流して一緒に建てた建物は持続的に愛着を持って使ってくれる。

このＮＧＯのオフィスには、テーブルも椅子もあった。ＮＧＯのリーダーが彼らの進めているプロジェクトの進捗状況を示すノートを見せてくれた。

そこには、ノルウェイのＮＧＯから学んだというアクションプランが書かれていた。５Ｗ＋１Ｈで。WHAT（何を）、WHEN（いつ）、WHERE（どこで）、WHO（誰が）、そしてHOW（どのように）という具合である。

このＮＧＯはＯＫバジとの共同プロジェクトをすでに進めていた。ＯＫバジを通じた日本からの支援金とサハルコット村の村民参加で、近々新たにトイレを50施設つくると言っていた。

それから、ＮＧＯのリーダーがＯＫバジへの要望をリスト化したノートを広げた。そこには、学校の授業で使う顕微鏡、太陽電池で動かすパソコンもあった。ＯＫバジは筆者に向かい言った。

「これらは、村人たちにとって本当に必要なものかわからないですね。」

そして、ＮＧＯのリーダーに伝えた。

「残念ながら、これらの要望には応えられません。まだまだ優先順位の高い、他の村からの要望に応えていかないとならない。まだまだベーシック・ニーズが満たされていない村がたくさんありますから。そっちが先なのです。」

ＯＫバジの言うベーシック・ニーズとは、医、衣、食、住である。医療と飲み水が行きわたっていない村がまだまだたくさんある。２つの村を訪ねて分かった。ドゥンダーラ村はＯＫバジの言うベーシック・ニーズがまだ満たされていない村、その一方、サハルコットは、ベーシック・ニーズが満たされ自立し始めている村であった。

自立の前には、まずはベーシック・ニーズが満たされることが必要だ。そんな山奥の村のベーシック・ニーズに応じた支援ができるのは、ＯＫバジならではないかと気づかされた。他の支援団体が行かないような村まで、自分の足で歩いて行くからこそできる。そこで、一人ひとりの要望を聞き、自分の眼で確かめて一人ひとりに支援する。水が来ない村、３時間かけなければ学校に行けない村、重い病気の子ども、親を亡くしてその日の食事も食べられない子どもがいる。あと少しお金があったら助かったのに、あと少し早かったら治ったのに…。そうならないための支援が必要である。それがＯＫバジがやっていることだと、気づかされた。

ＯＫバジと村から村へと歩いてみて、筆者は村々によって状況が大きく異なることを知った。東パルパの山奥の村でも場所によって状況がまったくことなる。開発状況の違いはどこから生まれるのか。ＯＫバジに聞いた。

「1つは、大きな声を発することのできるリーダーが、その村にいるかどうかにあると思います。声が出るところには、支援も先に集まってくる。逆に、控えめなところは、どんどん後回しにされてしまう。リーダーの存在は大事です。」

村のために思いを外部に向けて発するリーダーの存在が大事であると、ＯＫバジは考える。そして、そのようなリーダーもＯＫバジとともに支援活動をする中で育ってきているのであった。

2　ネパール混乱の最中のＯＫバジ

①マオイストとの対峙

ある時、ＯＫバジが教えてくれた。

「ネパールのアルファベット5つの文字、N、E、P、A、Lを頭文字にすると、素敵な言葉ができるんです。僕の好きなネパールを表しています。それは、〝Never Ending Peace And Love.〟決して終わることのない平和と愛。」

ところが、そんなネパールの平和も、ある時期大きく乱れたことがあった。話は少し遡るが、2001年11月、通称マオイスト（毛派）と呼ばれるネパールの政党の1つが、政府軍の施設を襲い、武器や弾薬などを奪った。当時、筆者はバライタール村のジーバン宅にいた。乾電池式のラジオから流れるニュースで、ジーバンは何が起こっているのか情報を集めていた。近所の村人からは、近隣の警察の建物がマオイストによって爆破された、またマオイストは村の若者を仲間に勧誘しているなどという不安を煽る情報も寄せられた。ある晩などは、日本人が誘拐されてもいけないからと、ジーバンが心配し、次男のゴネスと共に、筆者は水牛小屋の2階で藁にまみれて隠れるように寝たこともあった。

それから数年間、ネパール各地では政府軍とマオイストとの衝突が起こるようになった。また、ネパール・バンダというゼネラル・ストライキも発生し、道路封鎖が起こり交通が麻痺することも多々あった。

その頃、ネパールを訪れる際は、筆者も外務省が配信する海外安全情報をチェックして、ネパール各地の危険情報を注意深く確認してから渡航するようになった。その海外安全情報では、ネパールの各県単位で、左記のように危険レベルがレベル1からレベル4までの4段階で、地図上で色分けされて表示された。2006年4月にはネパール全土にレベル3「渡航の延期をおすすめします（旧表記）」のネパールに対する渡航情報（危険情報）が発出されていたこともある（外務省「海外安全ホームページ」より）。

レベル1（黄色）：十分注意してください。
レベル2（薄いオレンジ色）：不要不急の渡航は止めてください。
レベル3（濃いオレンジ色）：渡航は止めてください。（渡航中止勧告）
レベル4（赤色）：退避して下さい。渡航は止めてください。（退避勧告）

ここで筆者が実際に体験したエピソードの1つを紹介したい。
2004年11月、筆者にとって5回目のネパール訪問。カトマンズ到着の翌日から、マオイストの影響によるネパール・バンダ（ストライキのこと）が頻繁に起こっていた。首都カトマンズからポカラへ移動し、バライタール村への移動は、道路が封鎖されていない夜間となった。

筆者は、この時、東パルパの村の子どもたちのバレーボール大会「ＯＫバジカップ」の開催を村のＮＧＯとともに企画していた。日本の高校野球の甲子園のような学校対抗のトーナメント方式のバレーボール大会である。ネパールで一番人気のスポーツと言えば、たぶんサッカーであるが、東パルパのような山奥の村々では、サッカーができる平らで広いスペースは限られている。バレーボールのコートは、そこまで広さを必要としない。したがってバレーボールは東パルパの村々の子どもたちに人気のスポーツとなっていた。実際、ＯＫバジは日本からたくさんのバレーボールを村の学校に届けていた。

だが、バライタール村に到着して早々、ＮＧＯの友人から告げられた。「マオイストのネパール・バンダがあって、残念ながらＯＫバジカップの開催はできない。彼らはＯＫバジカップの開催を認めてくれない」と。

その数日後、いつものシュリ・クリシュナ・デヴィ・セカンダリースクールで授業をしていた筆者は、マオイストのメンバー3人に呼び止められ、職員室に移動して、いろいろと質問を受けることとなった。信頼をおける友人であり校長のマヘンドラが通訳を務めた。突然の予期せぬ出来事に最初は不安な気持ちでいっぱいだった。ところが気づくと、職員室の窓から、たくさんのバライタールの村人たちが筆者とマオイストとのやりとりを見守ってくれる姿が目に入った。そこには、よく知る村人たちの顔が多くあった。マヘンドラも筆者の傍にいてくれるので、安心してマオイストの質問に受け答えることができた。16時30分過ぎに始まった質問は延々と18時近くまで続いた。

「あなたの名前は？」、「バライタール村に来た目的は？」、「ＯＫバジとの関係は？」などの質問に続いて、「マオイストが新政府をつくったら、協力するか？」などと聞かれた。

「申し訳ないが、それはできない。」と、素直に答えた。そんなやりとりがあったことを記憶している。

筆者への質問が一通り終わった後、筆者からも彼ら3人に聞き返した。

「2つ質問していいですか？」

3人の中ではリーダー格っぽい男が「ＯＫ」と答えた。

「1つ目は、あなたがた3人の名前を教えてください。あなたたちは、十分に僕のことを知った。あなたたちの名前くらいは、僕にも教えて欲しい。」と。

3人が順番に名前を伝えた。本名でないかもと勘ぐったが、後でマヘンドラに聞いたら、どうも本名のようだった。

2つ目の質問はこうだ。

「なぜ、OKバジカップ・バレーボール・トーナメントの開催ができないのか?なぜ村の子どもたちのためを思って開催するOKバジカップを認めないのか?」

そう聞くと、リーダー格の男が答えた。

「OKバジカップとは何だ?そんな話は初めて聞いた。少し詳しく聞かせて欲しい。」と。そもそもOKバジカップの存在そのものについて知らなかったのである。

そこで、OKバジカップについて説明した。通訳のマヘンドラが筆者よりも熱を込めてマオイストの3人に説明してくれた。少し間をおいてリーダー格の男が答えた。

「そんなに村の子どもたちにとっていいイベントなら、ぜひ協力させて欲しい…。」

その翌月、２００４年12月、ＯＫバジカップは予定どおり無事に開催された。以来、これまで毎年、ＯＫバジカップは開催されている（コロナ禍を除いて）。

突然呼び止められて訳のわからない質問攻めに合ったりと、筆者にとってマオイストは、何か得体の知れない存在であったが、反面、腹を割って話せばわかってもらえるのではないかという感覚も持つようになった。

②12の質問と、ＯＫバジの Final Purpose（最終目的）

そのような政情不安の中で、多くの東パルパのＮＧＯは、マオイストの脅威によって開発プロジェクトの多くが中断させられていた。

しかし、ＯＫバジだけは支援プロジェクトを続けていた。なぜ他のＮＧＯがプロジェクトを中断する中、続けられたのか？

その理由を紐解くと、ＯＫバジの開発支援プロジェクトに対する東パルパの村人たちの心情が、より色濃く見えてくる。

東パルパでは、ＯＫバジの他にも支援活動を続けるＮＧＯがいくつもある。だが、２００５年、東パルパのＮＧＯは、それぞれの開発支援プロジェクトをマオイストの脅威によって停止されることとなった。海外からの資金援助によって東パルパで活動をする多くのＮＧＯは、プロジェクトの内容を海外の資金援助先にレポートするためにも、しっかりと記録を書面に残していた。だが多くの場合、実際のプロジェクトに使われた費用とレポートの内容に不一致があることがマオイストによって指摘されたのである。海外から東パルパの村人のためのプロジェクト資金として、東パルパのＮＧＯに託されたものの、実際には「資金の行方不明」が生じていた。

「公正な会計記録を提出するまで、プロジェクトを進めることは認めない。」と、マオイストは宣言し、東パルパのＮＧＯはプロジェクトを中断させられた。

２００５年12月、バライタール村のジーバン宅でＯＫバジに筆者は再会した。その年の夏、東京でＯＫバジに会って以来であったが、顔は元気であるが、ジャケットを脱いだＯＫバジの身体は見るからに痩せていた。その直前まで、体調を壊してポカラで19日間寝込んでしまったと言った。ポカラの病院のドクターから、悪い水を飲んだためか、体内に変なアメーバーが繁殖したのではないかと診断されたとのことだった。ＯＫバジ本人も「どこかの村で、雨が降った2～3日後の水を飲んだのが原因ではないか。」と言い、飲み水には気をつけるようにと筆者のことも気遣ってくれた。

それから、ＯＫバジのプロジェクトに対するマオイストの干渉について話してくれた。プロジェクトを進めるためには、マオイストの許可が必要となり、なおかつ彼らの活動資金を提供しろと求められているのだという。それに対してＯＫバジは、そのような活動資金の支払いを求めてくるのであれば、プロジェクトを止めると主張していた。

ＯＫバジには、わかっていた。もし、ＯＫバジが進めている学校建設や飲料水道水のプロジェクトが中断することになると、村人たちが黙っていない。その非難の矛先は、村人の味方であると謳っていたはずのマオイストに向けられることになるから、最後に困り果てるのはマオイストになると。

ＯＫバジは、マオイストの高官から呼び出され、直接インタビューを受けたことを話してくれた。

マオイストの高官からの最初の質問は、

「お前の Final Purpose（最終目的）は何だ？」

「その質問の意味がわからない。」ＯＫバジは、そう答えた。

すると、高官は次の12の質問をＯＫバジに問いかけた。

①あなたの生活は贅沢か？　家政婦など雇っていないか？　あなたの国と比べるとネパールの生活費ははるかに安い。我々は、ネパールで贅沢に暮らしている多くの外国人を知っているが、あなたも彼らと同じか？

②あなたは、ネパールの地元の村人から食料や宿泊場所を無償で提供されながら、日本のNGOから多大な利益を得ているのか、あるいは、高い給料を受け取っているのか？

③過去には、多くのインド人がネパールにやって来て、彼らの文化と言語をネパールに押し拡げたことがあった。あなたは、日本から来て同じことをやろうとしているのか？　あなたは、我々の国を乗っ取るグループを率いているのか？

④あなたは、国連のSecret Agent（秘密エージェント）なのか？

⑤あなたは、何か特定の宗教を宣教する使命を帯びているのか？

⑥あなたは、村々を巡りながら鉱山資源を探して儲けようとしているのか？

⑦あなたは、寺院や遺跡から貴重な遺産を見つけ日本に持ち帰ろうとしているのか？

⑧あなたは、密かに村人たちから搾取したことがあるか？

⑨あなたは、日本からの資金援助をもとに大口の預金口座をつくり、かつ、ポカラに大邸宅を所有しているか？

⑩あなたは、ある政治家を支持し選挙を利用し自分の人気も高めようとしているか？
⑪あなたは、近い将来に工場を開設しネパール人を低賃金で雇い稼ごうとしているか？
⑫あなたには、密かにネパール人の妻がいるか？

12問すべてに対して、ＯＫバジの回答は「ＮＯ！」であった。当惑させられた質問であったが、これら12問の背景には、マオイストが、過去に、いくつかのインターナショナルＮＧＯなどの開発支援団体から受けたネガティブな体験があるのではないかと、ＯＫバジは感じたという。

再び、マオイストの高官は、ＯＫバジにこう聞いてきた。

「では、お前の Final Purpose は何だ？」

ＯＫバジは、その質問に答えるかわりに、高官に問いかけた。

「もし、あなたの目の前に困っている人がいたら、おそらく、あなたも手を貸すことでしょう？」

ＯＫバジが言ったのは、それだけであった。マオイストの高官は、それ以上、何も言わなかった。ＯＫバジは、その時の様子を振り返った。

「僕は、特別なことは何も言わなかった。とにかく目の前に困っている人がいたら、あなただって手を貸すでしょうと。それを僕がやっているだけですと、彼に伝えた。その一言で、彼はわかりましたね。」

筆者は、ＯＫバジからその話を聞き、自分の体が震えたことを覚えている。緊張感ある場面で、マオイストの高官とＯＫバジは、１人の人間として互いに真剣に向き合い語り合った。そこから生まれた2人の共感のようなものが、筆者の身体にも伝わり、筆者の身体も震えたのだ。

ジーバン宅でＯＫバジと再会した翌朝、今度は、そのマオイストの高官の直属の部下から呼び出された。会談の場所はビルコット。バライタール村からバイクで2時間30分程の距離だった。校長のマヘンドラがＯＫバジに同行することになった。

まだ夜明け前、寒さが体の芯まで沁みわたる朝靄に満ちた暗闇の中、ＯＫバジはジーバン宅を出発した。

高官と共感したといっても相手は現政府に対抗する武装化グループである。きっと大勢が待ち受けているだろう。少し不安な表情の筆者に向かってＯＫバジが言った。

「まあ、しっかりと向き合って、話し合ってきますよ。」

そう言って、マヘンドラのバイクの後ろにまたがって、朝靄に消えてゆくＯＫバジの姿を筆者は見送ることしかできなかった。

その日の午後、ＯＫバジがビルコットから戻って来た。「会談はどうでしたか？」そう尋ねると、

「驚いたことに、５分で終わっちゃいました。そのままプロジェクトを進めてもいい。支援の活動を続けても問題ないって。」

ＯＫバジは、説明してくれた。

どうやら、この会議の事前準備として、マオイストのメンバーは、ＯＫバジが東パルパの村々で実施したプロジェクトを徹底的に調べたようであった。ＯＫバジによって建

てられた数々の学校、飲料水道水、ヘルスポスト、川に架けられた橋、病気の村人や子どもの支援、奨学金、1つ1つがどの程度の規模のプロジェクトで、参加した地元の村人の数など、マオイストは自らの足を使って現場を訪れて、OKバジのプロジェクトを検証したようであった。

他の東パルパのNGOのプロジェクトは、書面に書かれたプロジェクトの包括的な記録を残していたが、OKバジは自身のプロジェクトの詳細を文書化し記録していなかった。マオイストがOKバジを疑ったのは、その1点であった。OKバジのプロジェクトの記録は書面に残されてはいなかったが、東パルパの村人の心の中に記憶としてしっかりと残っていた。

書面に残された記録とプロジェクトの実態が異なっているがゆえに、プロジェクトを中断されたNGOがある一方で、マオイストはOKバジのプロジェクトを止めることはしなかった。OKバジのプロジェクトがどれほど、何年もの間、東パルパの村人たちに支援され、その意味と価値をつくり出しているのか、マオイストも認めざるを得なかったようであった。

OKバジも後から知ったのだが、プロジェクトを共にした多くの村人が、実際にマオイストの高官からインタビューを受けたという。その際、村人たちは、OKバジのプロジェクトを止めないでほしいと強く訴えたという。

例えば、OKバジが支援する小学校の建設の完成が間近に迫っていた。その村の人々も、自らの子どもたちが通う小学校の建設に参加しており、このプロジェクトが停止されることがないようにとマオイストに訴えていた。村人たちが参加できるプロジェクトの完遂によって、自らが味わう達成感と子どもたちの未来の幸せを奪わないでほしいと願ったからであった。

3　OKバジの「共感」と「判断」

①支援の判断基準：「本当に、相手のためになるのか」

OKバジのやり方、支援の判断、そのベースとなる価値観をOKバジとの村歩きの時、言葉として知らされた。それは「本当に、相手のためになるのか」と。

2006年12月、OKバジと一緒にある村を目指して川沿いの道を歩いていたその時。筆者は、ふと思い出した悩みをOKバジに相談してみた。

「嬉しいことに、バライタール村のシュリ・クリシュナ・デヴィ・セカンダリースクールの教え子が3人、キャンパス（日本の高校2～3年生にあたる2年間の課程）を終了した後、シュリ・クリシュナ・デヴィに戻ってきてくれ教師として教えてくれています。でも、給料はいくらもらっているのかと聞いたら、月に1千5百ルピー（約2千4百円）だと言うのです。他の地元採用の先生は、月に5千ルピー（約8千円）もらっているというから、個人的に5百ルピー増やしてあげるのもいいんじゃないかなあと思ってしまいますが、どうでしょうか？」

筆者の問いかけに、OKバジの返事はこうであった。

「そうですね、きっとその3人は、自分のコミュニティのためにやっているのだから、みんな頑張れるんですよ。2千ルピーに増額しても満足することはないだろうから。それに、いっぺんにあげると、せっかくのコミュニティのために頑張っているという気持ちが崩れてしまうんじゃないかな…。」

歩きながら、筆者は問い返した。

「その辺の判断って微妙で難しいですね。その垣見さんの判断の基準は、どこから来るのですか？」

「ほんとですね、いろんな人と話し合っているからかな。僕としては、自分が『いい顔したいなぁ』とそんな気持ちがある時は、あげないようにします。相手のことを思って、それが本当に相手のためになるなと思える時は行動を起こすようにします。」

目からウロコだった。３人の教え子のことを本当に思っていたのか、本当に３人のためになるのかと考えたのだろうか。それよりも3人の給料を増やしてあげることによって、自分がいいことしたといい気分になりたいと思っていたのではないか。「ハッ」と気づかされた瞬間であった。

ＯＫバジの活動のベースには「本当に、相手のためになるのか」、その一言がある。

②課題ノートと大忙しのＯＫバジ

２００６年12月、筆者は再びバライタール村を訪れた。６度目のバライタール村への訪問であった。日本を出発する2カ月前に、筆者はＯＫバジの〝城〟があるドリマラ村に手紙を送っていた。ネパール滞在中の計画を詳しく伝え、ＯＫバジの日程が合えば、再び村歩きに同行したいと手紙に書いた。

ＯＫバジからの返事を受け取ることはできず、またＯＫバジが筆者の手紙を受け取ったかどうかもわからないまま、12月のはじめ、筆者は成田からバンコク経由でネパールに飛び立った。予定では首都カトマンズからネパール第二の都市ポカラに移動し、そこでバライタール村から迎えに来てくれるマヘンドラ校長に会うことになっていた。

現在では、プリペイド式のスマートフォンを持つ村の友人も多くおり、筆者がネパールを訪れる際は、彼らにインターネットでメッセージを送ることができるが、当時の連絡手段は、手紙だけであった。また、現在では交通手段も整備されて、カトマンズからバライタール村近くまでの直通バスが走るようになり、自力でバライタール村までたどり着くことができるが、当時は、ポカラから村までの移動に、村の友人の助けが不可欠であった。

したがって、当時、筆者がネパールを訪れる際は、友人のマヘンドラ校長とジーバン元校長に、それぞれ同じ内容の手紙を3通送り、その手紙が彼らの手元に届いていることを信じてポカラに向かい、ポカラの友人のホテルで待ち合わせをすることにしていた。

ポカラのホテルにチェックインし、マヘンドラ校長の到着を部屋で静かに待つことにした筆者は、驚いたことに隣の部屋から聞きなれた声を聞いたのであった。

隣の部屋のドアが開く気配がして「タトパニ、ディノス（白湯をください）」とホテルのスタッフに伝える張りのある声がしたのであった。

その声に反応し、私は思わず「垣見さん？」と声をあげ部屋のドアを開けてみた。そこに擦り切れたジャージ姿のＯＫバジがいたのである。偶然の再会であった。

筆者がドリマラ村に送った手紙をＯＫバジは受け取っていなかった。３週間前にＯＫバジはドリマラ村を発ち、それから東パルパの村々を訪れ、その足でポカラに来ていた。ＯＫバジのスケジュールはすでにいっぱいだった。それでも筆者の１カ月の滞在中に延べ８日間をＯＫバジと時間を共にすることができた。２日間の村歩きに加えてパルパ郡の郡都タンセンでＯＫバジと会うことができた。

以前と変わらず、ＯＫバジとバライタール村で会っても、周辺の村々を共に訪れても、村の子どもからお年寄りまで「ナマステ、ＯＫバジ！」と、フレンドリーな優しい声でＯＫバジは迎えられていた。

だが、タンセンでＯＫバジと会った際に、改めて驚かされたことがあった。そこには「大忙しのＯＫバジ」がいた。

早朝から大忙しのＯＫバジの傍らで、改めて支援活動の詳細を知ることとなった。

東パルパの村々を訪れる中、ＯＫバジは時折タンセンを訪れる。パルパ郡の郡都タンセンには、地域開発の行政関係者がおり、ローカルＮＧＯのオフィスもあるので、様々なプロジェクトを進めるため、それらの人々と会うことがある。また、東パルパへ向かう交通拠点であるタンセンで、日本からの訪問客を迎えることもある。日本から送られてくる活動資金の口座もタンセンの銀行にあるので、そのタンセンの銀行を訪れ、資金を引き出すこともある。

加えて、東パルパの村々を訪れた際に会った、村の課題解決と支援を必要とする人々と再会する場所としてタンセンを選ぶことがある。

村人にとってもタンセンでＯＫバジと会うことには2つのメリットがあった。1つは、ミーティングの日程を確実にすることができる。ＯＫバジが村々を巡る際は、村人から突然のリクエストを受けたり、予想以上に村人とのミーティングに時間がかかってしまったりと、予定どおりの日程で村々を訪問することが難しい。ＯＫバジがタンセンを確実に訪れる日がわかっていれば、そこで必ず会うことができる。

もう1つのメリットは、村人がＯＫバジからの支援金をすぐに現金化できることである。村人がタンセンでＯＫバジと会い、金銭的支援が必要となった場合は、ＯＫバジはキャッシュではなく、小切手を村人に手渡す。そうすると、村人はタンセンの銀行を訪れ、受け取った小切手をその場で現金化できるのである。

ＯＫバジとタンセンでの再会を約束した前の晩に筆者はＯＫバジと同じホテルにチェックインした。一泊２５０ルピー（約４００円）の宿である。洗面所に水道はあるものの蛇口を回しても残念なことに水は出なかった。

ＯＫバジは、先に約束した東パルパからの幾人もの村人とミーティングの最中で、筆者と話をする時間は取れそうになかった。

翌朝、午前6時30分。筆者はＯＫバジの部屋のドアをノックした。

ＯＫバジは、すでに起きており前の晩のミーティングの整理をしていた。尋ねてみると、前の晩にＯＫバジは、東パルパの11の異なる村々のグループに会っていた。それぞれ順番に11の異なるミーティングを行った訳である。

ＯＫバジは、11のミーティングの記録をノートに書いていた。「Issue Note（課題ノート）」と記されたノートの1ページ、1ページに日本語と英語の両方で、各課題の詳細と、どのように解決していくか、村人との合意プロセスがそこには、書かれていた（**写真4－4**）。

例えば、あるページには、26世帯が生活するドルコット村から、幼児教室建設の要望が地元のＮＧＯからあり「一度、見に行く」と簡潔に書かれている。別のページには、

写真4－4　OKバジの「Issue Note（課題ノート）」

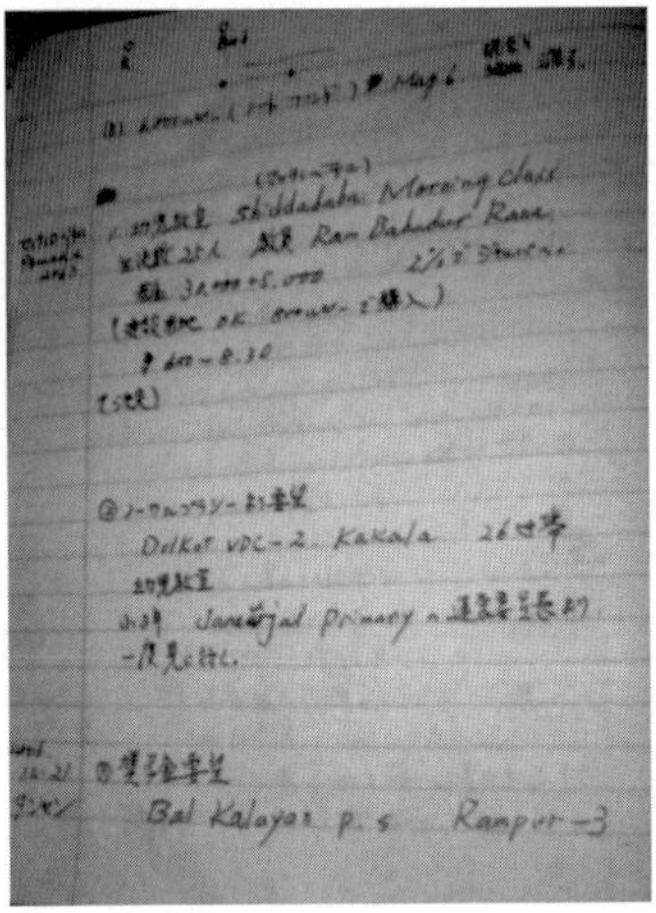
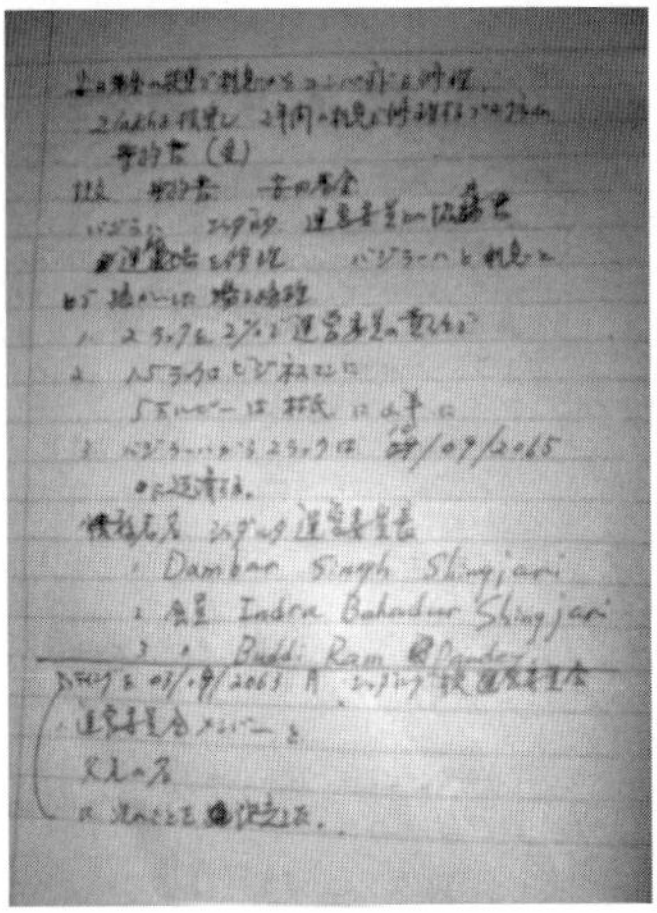

出所：2006年12月筆者撮影

学校の壁を修復する2年間のプロジェクトについて、より具体的に書かれていた。修理のための資金は、日本から寄せられた寄付金がベースとなり、そこからOKバジを通じて20万ルピー（約32万円）を村の学校運営委員会に貸し付ける。ドルコット村の学校運営委員会は、その20万ルピーを基金として、そこから生じる利息で、学校の壁を2年間かけて修理する。

どのようにして20万ルピーの基金から利息が上がるのか。

20万ルピーのうち、15万ルピーは村で茶店や雑貨店等の商いを営む事業家らに貸し付けられ、事業家は、約束した利息と元金を学校運営委員会に支払う。残りの５万ルピーは、村のママさんグループに貸し付けられ、ママさんグループはそのお金を元手に山羊を育て販売し、企業家と同じように約束した利息と元金を村の学校運営委員会に支払うという仕組みである。

学校運営委員会は、そのようにして企業家と村人から集められた利息で、朽ちかけた学校の壁を２年間かけて修理するというプロジェクトである。

ページの終わりには、２００８年10月９日までに借り入れた元本全額をＯＫバジに払い戻すとあり、その責任者として運営委員長含む３名の名前が記されていた。

２００６年のその時点で、ＯＫバジは40冊以上の課題ノートを書きためていた。１年間に４冊から５冊のペースである。

これらの課題ノートは、東パルパの村人が日々直面している課題や要望の集積であり、百科事典のようになっていた。ＯＫバジは、それらの課題を１つ１つ解決していくことが、村人のためになると捉えていた。課題ノートは、村人の真のニーズを顕在化した宝庫であった。

朝の７時前、ＯＫバジから「課題ノート」をじっくりと見せてもらい、説明を聞いた後、ある質問をＯＫバジにしてみたくなった。その半年前、ＯＫバジに日本で会った際に、ＯＫバジから聞いて印象に残っていた言葉、「ＯＫバジにとって〝幸せ〟とは、

Being needed（必要とされていること）」が、ふと思い浮かび、その意味をもう少し詳しく聴いてみたくなったのだ。

ところが、ちょうどその時「コンコン」とドアのノックが聞こえた。あえなく筆者の質問タイムは中断となった。

ノックをして部屋に入ってきたのは、タンセンからバスで約3時間離れたフォクシンコット村のNGOのリーダーであった。そのNGOは、以前、OKバジから10万ルピー（約16万円）の借入をした。その10万ルピーを基金として、そこからあがる利息で、野菜の種子を購入し、地元の村人たちと協力して野菜を栽培した。そして収穫した野菜を他の地域に販売することで利益をあげるというプロジェクトを推進していた。フォクシンコット村はポカラへと通じる幹線道路に面しており、その地の利を活かしてプロジェクトは成功への軌跡を歩んでいた。NGOのリーダーは、新たな種子基金設立の要望をするため、OKバジを訪れてきたのであった。10分程度で話が終わり、彼が部屋を出ると1分もしないうちに新たな訪問者がOKバジの部屋に入ってきた（**写真4－5**）。

部屋の外で自分の順番を待っていた少女であった。彼女は、極度に弱い視力に起因した慢性的な片頭痛に悩んでいた。OKバジは、以前、彼女と村で会い、眼科医に診察を受けられるよう手配していた。診察を受けたあと、OKバジは彼女に合ったメガネの処

写真4－5　次から次へとOKバジを訪れる村人たち

出所：2006年12月筆者撮影

方箋をその眼科医から受け取り、タンセンでメガネを注文していた。

この朝、少女がOKバジのもとを訪れたのは、OKバジからメガネのレシートを受け取ることであった。そのレシートを持参しタンセンの眼科に行くと、彼女は自身のために処方されたメガネを手にすることができた。

視力の弱い少女とOKバジが話している間に、部屋の外には人々が次々と集まる気配がしていた。OKバジからレシートを受け取った少女が部屋を出るのと同時に、別の女性が部屋に入ってきた。彼女の夫が脳腫瘍を患っているといい、治療を受けるのにOKバジの支援を要望していた。

東パルパには、地域のために活動するNGOが多くある。2006年当時、正式に登録されたNGOは103あった。しかし、個々の患者に医療支援を提供するNGOはなかった。一方、OKバジは一人ひとりの患者に医療支援も行う。心臓、腎臓、脳の病に苦しむ個々の村人に最大1万ルピー（約1万6千円）を支援し、診断を受けるため病院へ行く手配をする。それによって、病に苦しむ村人は、家族と共にカトマンズ等の病院で診断を受け、治療を受ける機会を持つことができた。

この日の朝、部屋を訪れた女性の夫に、OKバジは1万ルピーを医療支援として渡していた。彼女は、脳腫瘍で苦しむ夫の治療ために、更なる医療支援が必要であるとOKバジに要望してきたのであった。OKバジは、ジレンマに直面しているようであった。追加支援をすべきかどうか…。

「まだまだ他にも多くの患者がOKバジのサポートを必要としている。そして自身のリソースにも限りがある。」と少し間を置いて、OKバジは静かに彼女に語りかけた。彼女からの更なる医療支援の要望に応えることはしなかった。

女性が部屋を去った後、3人の男性がOKバジの部屋に入ってきた。以前、OKバジとともにプロジェクトを進めた経験のあるNGOのメンバーであった。3人のうち1人が重度のヘルニアに苦しんでおり、タンセンのミッション・ホスピタルで治療を受けるのに2万ルピー（約3万2千円）が必要であるとのことであった。その2万ルピーの融資をOKバジに要望してきたのであった。OKバジは、NGOのメンバーと話し合い、一定の期日までに全額を返済することを条件として患者個人にではなくNGOに対して要望のあった金額を融資することとした。もし返済が滞った場合は、彼らNGOのみならず、彼らの地域コミュニティにおけるOKバジの支援を停止することも条件に含んだ。

この日の朝の訪問者は、まだまだ続いた。それまでの4組は、OKバジに支援の要望に来たのに対して、5組目の訪問者は異なっていた。

5組目の訪問者は4人であった。彼らはOKバジに手紙を託しにやってきたのであった。彼らの村で進んだプロジェクトの資金は、OKバジを通じた日本からの寄付金であった。その感謝を込めた手紙を日本の寄付者へ手渡して欲しいとOKバジのもとを訪れたのであった。

すべての訪問者との面会を終えたのは、午前9時近くになっていた。

OKバジと共に歩き東パルパの山奥の村々を訪れた体験から、ありのままのOKバジの活動をリアルに肌で感じることができた。どの村もOKバジが故郷を訪れたように、村人は温かく迎えてくれた。OKバジは、訪れた村で会う子どもたちに、まるで我が子のように触れ合っていた。東パルパの村々に溶け込み、村人と同じように生活しながらも、常に村人のことを最優先に考え、行動を起こしていた。

日本では目にするようなことがなくなった病やケガに苦しむ子どもや村人のために何ができるのか。それを動きながら考えに考え抜くＯＫバジの姿があった。それぞれの村々で状況が異なる中、医、衣、食、住のベーシック・ニーズがまだまだ満たされていないというありのままの現実を直視し、問題を解決し続けるＯＫバジの姿があった。村々を歩いていない時でも、いつでもどこでも限られた時間や資金を村人のために生かそうとするＯＫバジであった。

第5章

ＯＫバジの賢慮

賢慮とは、前述のように絶えず状況が変化する現実のただ中で、何が正解なのか分からなくて〝いま・ここ〟の文脈に応じ「より善い」に向かって判断し行動を起こす実践的な知恵である。

本章では、ネパールと日本の架け橋となって30年間続けてきたＯＫバジの支援活動にまつわる数々のエピソードから「ＯＫバジの賢慮」の核心に迫る。

1　ＯＫバジの「呼び水」支援

①ＯＫバジの手紙

２００７年12月、筆者はＯＫバジと再び村巡りをする機会を持った。４泊５日の村歩きの旅であった。1日目、バライタール村からバカマラン村までは、村人のバイクの後ろに乗って移動した。東パルパの村々でも道路の整備が進み、バライタール村からバカマラン村へのガンダギ川沿いの道も舗装はされていないが、バイクで移動できるように整備されていた。それまで徒歩で5時間近くかかっていた道のりも、悪路や崖スレスレの箇所も通って、2時間足らずで到着できた。この頃になると、以前に比べて中古バイクを持つ村人の数も増えていた。

バカマラン村からバルダコット村へは、歩いて2時間である。歩き始めの30分間は、ずっと登りの急斜面であった。当時68歳のOKバジの歩くスピードは尋常ではない速さであった。そのスピードについていくことはできず、あっという間にOKバジの背中が遠くなった。峠を越え平坦になった道でOKバジに追いつくと、両端には眩しく黄色に咲き溢れた菜の花が広がっていた。OKバジの大好きな風景であった。

バルダコット村に到着すると、元気な子どもたちの姿が眼に飛び込んできた（**写真5－1**）。夕暮れ前に、水牛や山羊等の家畜のエサとなる木の葉を大量に背負い、家路に向かう子ども。幼い子どもを背負い世話をする子ども。家事の手伝いをし、幼い子どもの世話をする東パルパの村々の子どもたちの姿である。東パルパの未来を創る子どもたちである。

写真５－１　バルダコット村の子どもたち

出所：2007年12月筆者撮影

翌朝、午前8時にバルダコット村を出発した。歩き始めて30分、サハルコット村に入ってすぐの所でＯＫバジは1人の少年の家に立ち寄った。

その少年は、象皮病の予防薬を飲んだところ、それが直接の原因かはわからないが、下半身が麻痺してしまっていた。ＯＫバジがこの少年に会うのは、これが2回目であった（**写真5－2**）。

3カ月前に、ＯＫバジが少年に会った時、少年は小さな部屋の片すみに敷かれたゴザの上に横たわっていた。下半身が麻痺し自らの排泄物にまみれ、そこに横たわっていたという。自由に動くこともできずに床ずれがひどかった。その時、ＯＫバジから両親に手渡された手紙と1千ルピー（約1千6百円）でタンセンのミッション・ホスピタルに行き診療を受けた結果、彼の症状は回復に向かっていた。

この朝、ＯＫバジに再会した少年の眼はキラキラと輝

写真５－２　両足が麻痺してしまった少年とOKバジ

出所：2007年12月筆者撮影

いていた。少年の両足は石膏のギブスで固められ、両膝の間につっかえ棒があてがわれた状態であったが、自らの力でゆっくりと動けるようになっていた。３カ月前はひどかった床ずれも少しずつ良くなっていた。父親の話では、そのままリハビリを重ねれば、完全に回復し、再び歩けるようになる可能性があるとのことだった。

この１年後、再び筆者がこの村を訪れ、少年に再会した時は、すっかり回復し、自身の足で元気に歩いていた。ＯＫバジの支援が活かされていた。

ＯＫバジと筆者は、サハルコット村から次の村を目指して歩き始めた。

序章で、ＯＫバジと村歩きをする途中、遠くの方から息子を背負いＯＫバジの後を必死に追いかけてくる父親に逢ったという話しをした。それは、この時の話である。ここで、より詳細に紹介したい。

下半身が麻痺してしまった少年の家を後にして、途

写真5－3　OKバジの後を必死に追いかけてきた親子

出所：2007年12月筆者撮影

中、バルヒット・セカンダリースクールに立ち寄り、そこで朝ご飯をいただいた後、そこから一気に坂を登った。山間の村から村への移動は、登りと下りの繰り返しである。それにもかかわらずスタスタと変わらぬスピードで歩き続けるＯＫバジの体力に驚かされる。

標高1千メートルのサハルコットから3百メートル登り、峠に差し掛かった時、遠くの方からヒエ畑の中を一目散に走ってくる村人の姿が眼に入った。背中には子どもを背負っていた。間もなくしてその親子がＯＫバジのところまでやって来た。父親は息も途切れ途切れにＯＫバジに訴えた（**写真5－3**）。

すぐ近くの村まで一緒に行って、そこで話しを聞いて欲しいという。そこはＯＫバジも何度も訪れている村であり、顔見知りの村人も多くいた。

背中の少年は頭が痛くてしょうがないと眼に涙をいっぱいためて泣いている。父親の話では、一度どこかの病院にも行ったが、11歳になる少年は高熱に悩まされ続け、何か脳に問題があるという。その時の診断書とレントゲン写真をＯＫバジに見せていた。

ＯＫバジが父親からの話を聞いている間、少年は頭が痛いとしくしく泣き続けていた。そこに集まった村人の中のリーダー格らしき人物とＯＫバジは話し合った。

ＯＫバジはそこで即断。いつもの10ルピーのノートを膝の上に取り出し、タンセンのミッション・ホスピタルのドクター宛てにボールペンでスラスラと英語の手紙を書いて、村のリーダーに手渡した。そしてタンセンまでの交通費として1千ルピーをキャッシュでリーダーに手渡し、さらにカトマンズの病院で診療を受けるためとして、1万ルピー（約1万6千円）の小切手を切ってリーダーに手渡した。以前、この少年と同じような症状の少女がカトマンズの病院で治療を受け、よくなったという経験がＯＫバジにはあった。

ミッション・ホスピタルのドクターから診断書と紹介状を受け取ってカトマンズの病院に行けば、少年の治療もスムーズに進むだろうというＯＫバジの判断だった。

親子と別れた後、ＯＫバシと筆者は再び歩き始めた。

標高1千5百メートルのダルケシン村まで登り、そこから尾根沿いに4百メートル一気に下り、ダブラという村に着いたのは日暮れ間近だった。いくつもの山を越えねば訪れることができない村である。そこへたどり着くには、歩いていくことしかできない。歩くこと、それがＯＫバジの活動の原点である。

ダブラ村はＯＫバジにとっても10年ぶりに訪れる村であった。

村人の家で夕食を終え案内された6畳ほどの部屋のコーナーには、10羽のニワトリがいた。ＯＫバジと筆者は、そのニワトリが飼われている部屋に泊まることになった。ネパールの村を訪問した際、暗い中、毎朝早起きのニワトリの元気な鳴き声に目を覚ますことは筆者にとって日常となっていたが、ニワトリと一緒の部屋で寝起きするのは初めての経験だった。日本ではなかなか経験できないことであろう。

夜明け前、朝の4時頃、突然、ニワトリの鳴き声とバタバタバタという凄まじい羽の音で飛び起きた。ヒッチコックの映画のように、たくさんの鳥に襲われたと思い、筆者は、びっくりして寝袋から飛び起きた。

まさに、自然を身近で感じるワイルドな経験であったが、ＯＫバジは平然としていた。すでに東パルパのいろんな村々を歩き回っているＯＫバジにとっては慣れ親しんだ日々の生活のようであった。

ダブラ村の朝、ここにはＯＫバジを通じた支援もまだまだ入っていないことが、歩いてみるとよくわかる。村にある幼児教室は、竹の柵と枠で囲まれ茅葺屋根が乗っているだけ。村で一番の高学歴、近くの村で８年生まで終えたばかりの女の子が先生を務めている。村人の要望は、自分たちの村に１年生から３年生まで通える小学校を建てたいとのこと。そうでなければ、隣村の小学校まで標高差４百メートルの坂を登り下りしなければならないない。４年生くらいに大きくなった子どもなら、坂の登り下りも大丈夫だろうが、小さい子には大変だというのが大人たちの思いだった。

その坂道を生まれたばかりの女の子の赤ん坊を連れた母親が降りてきた。ＯＫバジに母親が訴える。彼女の腕に抱かれた赤ん坊の顔を覗くと、生まれつき右目が潰れているようだった。赤ん坊の顔は、右目の上から鼻にかけて腫物に覆われていた。

ＯＫバジは、即座にミッション・ホスピタル宛の手紙を書き、その手紙と共に交通費の１千ルピーを手渡した。

ＯＫバジと村々をめぐって、４日目の午後、筆者らは標高１千３百メートルのルクセバンジャン村にいた。そこに心臓病を患う17歳になる娘を持つ村人がＯＫバジのもとへやってきた。その村人の話では、彼の娘は数カ月前から下半身が麻痺し始め、関節が痛むと病院へ行ったところ、心臓が悪いと診断された。心臓の手術を受けるにはカトマンズの病院に行く必要があると言われ、ＯＫバジのもとに相談にきたのであった。

カトマンズの病院に、ＯＫバジと個人的に知り合いの外科医がいた。これまでに心臓病を患った子どもを東パルパからカトマンズに連れて行き、この外科医の治療によって命が助かったという経験があった。ＯＫバジは、そのドクター宛に紹介状を書き、1万ルピーの小切手を手渡した。

下半身が麻痺してしまった少年、息子を背負って走ってきた親子の場合もそうだが、ＯＫバジは、手紙、交通費、そしてこの1万ルピーが〝呼び水〟になるという。ＯＫバジの手紙、病院がある街までの交通費が〝呼び水〟となって村の人々に希望が生まれるのである（写真5－4）。

高度な先端医療を受診するためには、ネパールの首都カトマンズの病院まで東パルパから出向かねばならない。その場合、カトマンズまでに行くのは、病気の子どもとその親とカトマンズの事情に詳しい村人の同行が必要になってくる。ＯＫバジからの1万ルピーが、その親子と村人のカトマンズまでの往復の交通費や宿泊費といった経費、それに病院での診察料になる。

そこで、その子どもが「手術をすれば治る」という診断を受けることによって、子どもの父親や家族に希望が生まれる。「この子は手術をすれば助かる。何とか手術代を集めよう。」と子どもの家族は必死になって、手術資金を集めることに奔走する。家族は、カトマンズからの診断書を手にタンセンの役所に行って、役所から「この子どもは

写真５－４　ルクセバンジャン村で村人の要望を聴く OK バジ

出所：2007年12月筆者撮影

手術をすれば治る可能性がありま す。」という証明書を発行してもらう。それを持って、今度は家族は親戚一同や村の中でも裕福な家に手術代の寄付や借入れを依頼して回る。そうすることによって、5万～10万ルピー（約８万～16万円）の手術資金を集めることができるという。その手術のための借入金の返済のために、父親は荷物運びのポーター等をやって必死になって稼ぐという。

ＯＫバジからの1万ルピーが〝呼び水〟となって、家族の希望を引き出し、家族が自ら必死で手術資金を集めることで手術を受けることができ、病気が治った子どもを何人も見てきた経験がOKバジにはあった。その1万ルピーは、日本のNPOがOKバジに託した基金からのものである。OKバジが架け橋となって、日本からの〝好意〟をネパールで必要とされる子どもたちのもとに届け続けている。

そのような自身の活動を、OKバジは「呼び水支援」と呼んでいるのである。

②水の支援と村人の喜び

ベーシック・ニーズの充足のための支援。それがOKバジの日々の主要な活動である。東パルパの村々で、飲料水プロジェクトは、OKバジにとって優先順位の高い支援活動であり、村々からの要望も多い。筆者が毎年訪れるバライタール村もOKバジの支援によって80の水道栓が整備され、110世帯に飲料水がいきわたっている。

OKバジの飲料水プロジェクトは、その村よりも高いところに位置する水源地からパイプを使って飲料水を村に届ける仕組みづくりである。水源地と村の高低差による自然落下に依存した、いたってシンプルな仕組みである（**写真5-5**）。モーターやエンジンなどの動力でポンプを使って水を送りこめば効率的ではないかとの考えもある。その場合、燃料が必要になり、また動力やポンプのメンテナンスも不可欠である。村での持

写真5－5　飲料水プロジェクトの配水パイプ

出所：2007年12月筆者撮影

続的な利用は困難になってしまうのである。

「村人にとって、特に水の支援は喜ばれる。水の支援を始める時は、水、水と言ってくるから、まずは水源まで村人たちと一緒に見に行く。20分、30分と歩いて行く。『どこまで行くんだ？まだ行くの？』と聞きながら行ってみると、水場で水がチョロチョロと出ているだけ。そこで村人は、水ガメがいっぱいになるのをじっと待っている。そこまで往復40～50分。毎日これでは大変だろうと思い、『やろう』という気になる。水場を新たにつくると、水が近くまで来る。それで水がワーっと来ると村人たちは喜んで、これであそこまで取りに行かなくてすむというわけです。往復1時間以上ってとこもある。水でいっぱいの重い水ガメを運ばなくてよくなるのです。水がくると村人が喜んで、その村全体が明るくなる。お祭り騒ぎです。自分も一緒にその喜びを味わう。『よかったね』とお互いに喜びあえる。だから続くんだと思う。頭で考えてはいない。実感として味わっている。」

2007年12月、OKバジと4泊5日の村巡りした時に、ルクセバンジャン村の次に立ち寄ったバラニ村でも、ちょうどOKバジの飲料水プロジェクトが始まろうとしていた。このプロジェクトの予算は、15万ルピー（約24万円）とのこと。配水パイプやセメント等の建設資材にかかる予算が11万ルピー（約17万6千円）、建設に係る人件費は4万ルピー（約6万4千円）と見積もられた。この人件費は、村民参加としてバラニ村の人々の無償労働で補われることとなっていた。この飲料水プロジェクトでは、天然の湧き水の水源から水を下方の容量6千リットルのコンクリートの水タンクに引き、そこから延べ2キロメートルに渡る配水パイプによって、飲料水をさらに下方のバラニ村へ届ける仕組みづくりを目指していた。動力は一切使わない。水源と村の高低差を利用した自然の力に頼った仕組みである。バラニ村には５つの共同の水場と水道栓が建設され、15世帯に暮らす１４４人の村人に飲料水が提供される。

この飲料水プロジェクトもＯＫバジとバラニ村の人々との共感で始まっていた。村人の家に積み上げられた配水パイプの束を目の前にして、ＯＫバジの表情には喜びが満ち溢れていた。きっとプロジェクトが完了し、バラニ村に水が届き、村人が新しくできた水場で蛇口をひねった瞬間を思い描いていたのかもしれない。毎朝、往復1時間近く急な斜面を登り降りして水を運ぶ作業から解放され、大喜びする村人の姿。蛇口から溢れ飛び出す水を見て「水が来た、水が来た！」と大はしゃぎする村の子どもたちの姿。その喜びを心の底から一緒に味わう自身の姿をＯＫバジは思い描いていたのだ。

水が充足することで村には、生きるエネルギーが満ちあふれ、村人の次の一歩を後押しする原動力となる。飲料水プロジェクトは、文字どおり「呼び水」支援なのだ。

2　ネパールのＯＫバジと、日本のＯＫバジ

① "Talk"（話す）ではなく"Take Action"（行動を起こす）

ネパールには、行政区画として77のDistrict（郡）がある。ＯＫバジは中央ネパールに位置するパルパ郡東部の東パルパで、村人の支援活動を続けている。ＯＫバジの姿は、東パルパの人々にどのように映っているのだろうか。

ドリマラ村でＯＫバジが暮らし始めてから11年が経った２００４年、『Nepal's Well-Wishers in Japan（ネパールの幸せを願う日本の人々）』という、ネパール語と英語でネパール人によって記された本が出版されている。その本には世界の最高峰エベレストの登頂に女性として世界で初めて成功した田部井淳子さんやエベレストの標高約８千メートルのサウスコルから果敢にスキー滑降に挑んだ三浦雄一郎さんら24名の日本人が紹介されている。その中にMr. Kazumasa Kakimi（O. K. Baje）："An Icon of Service"（サービスのアイコン）として、５ページにわたってＯＫバジが紹介されている。

最初のパラグラフをそのまま紹介したい。

"A towel wrapped around the neck, an old rucksack behind, beard covering his face, a mature Baje (old man) does his rounds of five hours of climbing and descending the hills. Leaving behind him Japan, a country like a bird of gold, he has been visiting the remote eastern area of Palpa district. Visiting every house, he makes it a point to inspect every classroom of the schools on the way. With the direction of the wind, every handicapped and underprivileged lot come hurtling to meet him. The villagers take care of the water spouts, the paths and the footpaths, and the bridges and crossovers."

「タオルを首に巻き、古びたリュックサックを背負い、顔はヒゲに覆われ、成熟したバジ（老人）は、丘を登り降りの5時間のラウンドをする。黄金の鳥のような国、日本を後にして、彼は、遠く離れた東パルパを訪れ続けている。すべての家庭を訪れ、必ず道中の学校の1つ1つの教室を詳しく調べている。風が吹くように、障害のある人々や恵まれない人々が彼に会うため急ぎやって来る。村人たちは、水道栓、小道、細道、橋や交差路を大事にする。[1]」

そして、最後の2つのパラグラフは、１９９６年にＯＫバジが勲四等のメダルを受賞したことに続いて、次のように記されている。

"Though liked to be referred to as Nepali, he is leading his life selflessly as any *yogi* would do that there is no place for personal gains.

Not only Palpa, which is away from the capital of Nepal, the women and schools of Kathmandu, Latipur, Bhaktapur and Nawalparasi are indebted to OK Baje for his valuable assistance they received from him."

「（OKバジは）ネパール人のように見なされたいようだが、彼はヨガ行者のように私心なく利他的に自身の人生を導いている。

ネパールの首都から遠く離れたパルパのみならず、カトマンズ、ラティプル[2]、バクタプル[3]、ナワルパラーシ[4]の女性や学校は、OKバジから受けた貴重な支援に感謝している[5]。」

OKバジを利他の心で生きるヨガ行者のようであると紹介し、その恩恵は東パルパ以外の地域にも及んでいると、著者の Agan Singh Thapa（アギャン・シン・タパ）は、この本の中でOKバジを紹介している。

写真5-6　ウマン・アトレーさん（元LDO［Local Development Officer：地方開発事務所長］）

出所：2006年12月筆者撮影

２００６年12月、筆者はタンセンで地域開発に携わっていた２人の元役人にＯＫバジの活動についてインタビューを行った。

元ＬＤＯ（Local Development Officer：地方開発事務所長）で、*Deorali News*（デオラリ・ニュース）というパルパ郡の地方新聞のアシスタント編集者を務めるウマン・アトレーさんに、タンセンの彼のオフィスで会った（**写真5-6**）。

ウマンさんは、ＯＫバジについて次のように語っていた。

「ＯＫバジは、まったく私心がなく、本当に村人のためにと支援活動を行っています。ＯＫバジは、私たちと同じものを食べ、私たちと同じように生活しています。ＯＫバジは、村人の真のニーズを正確に把握し、それらのニーズに応じた活動に取り組んでいます。ＯＫバジこそ、村落開発のリーダーです。彼のようなリーダーは他にもいますか？私は、これまでＯＫバジのようなリーダーは見たことがない。」

ウマンさんは、そう切り出し、続いて東パルパで活動する他のＮＧＯとＯＫバジの違いについて自身の所見を話し始めた。

「私は、他のすべてのＮＧＯは、何か良いことをしていると思っていますが、それ以上に余計な経費を使っているように思えます。東パルパの多くのローカルＮＧＯは海外に拠点を置くインターナショナルＮＧＯの指導と資金援助を受けて活動をしている。ところが、ローカルＮＧＯの主要な活動は、村人たちの地域開発への意識を啓発する研修の開催ばかりになってしまっている。確かに、研修によって村人の地域開発への意識は高まるかも知れないが、参加者の宿泊費や食費といったコストをかけすぎているように思う。

ＯＫバジが大きく違うのは、飲料水システムの設置、学校やヘルスポストの建設、医療支援基金の設立、村人の収入創出支援など、実際に行動を起こしていることである。他のローカルＮＧＯは、"Talk"（話す）が活動であり、ＯＫバジは、"Take

Action”（行動を起こす）である。

パルパの地域開発への村人の関心を高める唯一の方法は、“Talk”（話す）ではなく“Take Action”（行動を起こす）である。

ＯＫバジは、東パルパの村々の生活の質を向上させただけでなく、『自立しよう』という村人の意識を高め促進している。」


そうウマンさんは、強く指摘した。

“Talk”ではなく“Take Action”。話すことではなく利他の心で行動を起こすのがＯＫバジであると地域開発のエキスパートがその活動を捉えているのであった。

ウマンさんから話を聞いたその後で、地域開発に携わっていたもう１人の元役人に電話で話を聞いた。ジャペンドラ・バハドールさんは、ＤＤＣ（District Development Committee：郡開発委員会）の元 Chairman（委員長）である。

ジャペンドラさんは、まずＯＫバジと他のＮＧＯの大きな違いを指摘した。東パルパのいくつかのローカルＮＧＯは、分厚い優れたレポートを書くことに長けているが、実際に村人の生活をサポートするような重要なプロジェクトは1度もなかったと言った。ウマンさん同様、多くのローカルＮＧＯは、研修やワークショップの開催に注力しすぎであるという懸念を示していた。しかしＯＫバジの場合、自らが村のコミュニティに直接入って活動し、変革を促進していると言った。そして最後に「ＯＫバジは、我々すべての Palpali（パルパリ：パルパに生活する人々）の友人である。」そう言って、電話での会話を終えた。書くだけでもなく、話すことだけでもなく、行動を起こすのが東パルパすべての人々の友人ＯＫバジなのである。

②「雨にも負けず、風にも負けず」

ＯＫバジが日本に帰国した際は、ほぼ毎日、支援者によって講演会や報告会が開催され、そこで自身の活動について物語るのであった。

これは、ある報告会でのエピソードである。

ＯＫバジが少年時代を過ごした岩手県盛岡市の南約40キロメートルにある花巻市は、詩人であり童話作家である宮沢賢治の生誕地である。

宮沢賢治の残した有名な詩の1つが『雨ニモマケズ』だ。この詩を一字一句ゆっくりと読んだ時「これってＯＫバジのやっていることそのものだ」と、ＯＫバジの顔を思い浮かべる人は多い。

「雨ニモマケズ」
雨にも負けず　風にも負けず
雪にも夏の暑さにも負けぬ　丈夫なからだをもち
慾はなく　決して瞋《いか》らず
いつも静かに笑っている
一日に玄米四合と　味噌と少しの野菜を食べ
あらゆることを　自分を勘定に入れずに
よく見聞きし分かり　そして忘れず
野原の松の林の陰の　小さな萱ぶきの小屋にいて
東に病気の子どもあれば　行って看病してやり
西に疲れた母あれば　行ってその稲の束を負い
南に死にそうな人あれば　行ってこわがらなくてもいいといい
北に喧嘩や訴訟があれば　つまらないからやめろといい
日照りの時は涙を流し　寒さの夏はおろおろ歩き
みんなにでくのぼーと呼ばれ
褒められもせず　苦にもされず

そういうものに
わたしは　なりたい
（宮沢賢治著、谷川徹三編「宮沢賢治詩集（岩波文庫）」から引用し、カタカナを現代仮名づかいに改め、一部を漢字に筆者変換）

この宮沢賢治の『雨にも負けず、風にも負けず…』は、ＯＫバジも好きな詩で、何度も読んで暗記したこともあるという。

日本で、ある講演を終えたあとの夕食会でのこと。十数人で食卓を囲み和やかな時間を過ごしていると、この夕食会の企画者の女性が立ち上がり、この宮沢賢治の詩を読み上げ始めた。

「雨にも負けず、風にも負けず…」から始まり、「…みんなにでくのぼーと呼ばれ、褒められもせず、苦にもされず、そういうものに、わたしはなりたい」で終わる詩の最後の一文を変え…、「そういうものに、わたしはなった。　垣見一雅」と。

会場は大爆笑。大いに盛り上がった。

その後、ＯＫバジは、この女性に手紙を送った。

「〇〇さん、先日は、宮沢賢治の詩を読み上げてくれてありがとう…。会場は大盛り上がりでしたが、あの詩の一箇所だけ変えられたら、まったくそのとおりになります。最後の一文『そういうものに、わたしはなった　垣見一雅』ではなく『そういうものに、わたしはなれない　垣見一雅』に変えてください。」

ＯＫバジは謙虚だ。だけどＯＫバジのありのままの活動を知る人々は、やはりＯＫバジのやってきたことは、この『雨にも負けず…』の詩に書かれているとおりだと感じる。雨にも負けず、風にも負けず、ネパールの山奥の村々を東に西に、そして南に北に歩き、病に苦しむ村人、生活に窮した村人を助け続けるＯＫバジの姿が、この宮沢賢治の詩と重なるのである。

繰り返しになるが、ＯＫバジを知る村人たちは言う。

「ＯＫバジは、我々と同じ物を食べ、同じ場所で寝る。」

ＯＫバジの支援活動の出発点。それは山奥の村々で村人と共に生活し、そこから芽生えた現地の人々との共感である。ＯＫバジのもとには、村人から様々な支援の要求が来る。どんな時でもOKバジは、必ず現地に行き自分の目と耳で、本当に必要な支援かどうか判断する。共感から始めるOKバジのソーシャルイノベーション（社会的変革）である。

3　始まりは泉のように小さい

①「つもり貯金」：一人ひとりの顔を思い浮かべて、お金の価値を生かす！

現在、85歳となったOKバジは、村から村への村巡りで、以前のように歩いて移動する頻度は減り、バイクやジープの利用が増えている。

以前、OKバジは万歩計を身につけていた。

2007年12月の東パルパでの村巡りのこと。朝から晩まで一緒に歩いて村々を廻ってみた後に聞いてみたら、万歩計は2万3千5百歩を示していた。歩くと言っても急な山道の上り下りばかり。標高差7百メートルの山道を一気に登ったり、4百メートルを一気に下ったりした。歩幅が70センチメートルと計算しても16キロメートルは歩いていたことになる。

その当時、ＯＫバジは、いったい1年間にどのくらい歩いているのか。「5百万歩は歩いているんじゃないかな。」とＯＫバジは言う。1年間に3千5百キロメートルは歩いていることになる。

ＯＫバジがネパールで支援活動を始めたのが１９９３年。それから25年が経った頃もＯＫバジは、歩いて村から村を巡っていた。ざっと計算すると8万7千5百キロメートル歩いたことになる。地球の円周は約4万キロメートルと言われているから、地球を2周以上は歩いていたことになる。

ＯＫバジは、日本に帰国中もよく歩く。

ＯＫバジは毎年6～8月の初めまで約2カ月間日本に帰国する。前述のようにネパールはこの時期は雨季で、村を歩くのが困難になるということと日本のサポーターに活動報告をするために帰国する。日本に滞在する2カ月間で、講演や報告会を延べ１００回行ったこともあった。日本に滞在中、ＯＫバジは千葉の娘さんの家を拠点にして都内へと電車で講演に出かけて行くが、この時、2駅分歩くのだという。なぜか。2駅分歩くとその分電車賃が１４０円浮くからだ。行きも帰りも2駅分歩くと２８０円節約できる。ＯＫバジはこれを「つもり貯金」という。○○したつもりで貯金する。電車に乗ったつもりで歩き、その分、節約した電車賃を貯金する。

ネパールの主食はお米だが、貧しい家庭では、十分にお米を食べることができない。ＯＫバジはそんな村人に、この「つもり貯金」で買ったお米をプレゼントする。ネパールの東パルパでは、１４０円で5キログラムのお米が買える。２８０円あれば10キログラムのお米が買えて、村人にプレゼントできる。ある年は2カ月間の滞在中の「つもり貯金」で4百キログラムのお米が買えて、村人にプレゼントできたそうだ。

ＯＫバジが言うには「歩いている時は、ゲーム感覚。今日これやると、１４０円で、あそこの村のあの家族に米が買える。」と。

ある年、日本に帰国したＯＫバジ。2駅分歩きながら東パルパのある親子の顔を思い浮かべていた。「あの食べ盛りの子に、お米をたくさん食べて欲しいな。」と。その年の10月、ネパールの一番大きなお祭りのダサインの時、ＯＫバジは50キログラムのお米をこの親子にプレゼントした。50キログラムの米袋をこの親子の家に届けると、小さな茅葺の家の中から、あの食べ盛りの息子が飛び出てきて「チャーマル、アヨー（米が来た）」とその米袋に抱きついた。あの子の笑顔がＯＫバジの記憶に今でも鮮明に残っている。

ＯＫバジの「つもり貯金」には、こんなエピソードもある。

カトマンズに次ぐネパールの第二の都市ポカラは、アンナプルナ周辺のトレッキング拠点であり、海外から多くのツーリストが訪れる。日本の箱根にある芦ノ湖程度の大きさのペワ湖の北側はレイクサイドと呼ばれ、そんなツーリスト向けのホテルやロッジ、レストランが立ち並ぶ。これらのレストランでは、ピザやパスタ、フレンチフライ（フライド・ポテト）、チャーハンといった様々な料理を楽しむことができる。その中には、日本食の専門店もある。

東パルパで村人の支援プロジェクトを続けるＯＫバジのもとには、日本から支援者も訪れる。２０１０年には25組（延べ2百人）がＯＫバジを訪れた。ＯＫバジは日本からのゲストをポカラで迎え、見送ることもある。そのような機会に、東パルパからポカラに出てきた時のＯＫバジの楽しみの１つは、ポカラの日本食専門店で大好物の「天丼」を食べることである。

あれは、２００３年のこと。ＯＫバジはポカラを訪れた。

ＯＫバジが楽しみにしていた「天丼」を食べに日本食専門店に入ろうとした時、ある村の１人の女性の顔が思い浮かんだ。旦那さんが大きな岩の下敷きになって亡くなってしまった女性の顔が浮かんだのである。

この年、ドリマラ村の近くの村で、大雨で崩れた大きな岩が道に転がり落ちた。ドロドロにぬかるんだ道もここを通らねば、他の村には行けない。ところが、人の身の丈もある大きな岩がこの道を塞いでしまった。大雨が止んだ翌日、村のみんなのためにと、何人かの村人がこの岩を道からどかそうと力を振り絞っていた。やっとの思いで岩が動いたと思った瞬間、1人の村人が岩と共に路肩から崖下に転がり落ち、その岩の下敷きになってしまった。この村人は即死。残された奥さんの顔が、日本食店に入る瞬間のOKバジのなかに思い浮かんだのであった。奥さんの娘さんの結婚式が近々あると聞いたことも思い出した。

1杯、3百ルピー（約480円：当時1ルピー＝1・6円）の天丼を食べるのをやめて、その3百ルピーで、その奥さんにショールを買った。

村に戻って、その奥さんにショールをプレゼントしたら彼女は大喜び。娘さんの結婚式にOKバジからのショールをまとい出席した。それから、毎年、1度か2度、村で彼女と出会うたびに、彼女はショールをプレゼントされた喜びをOKバジに伝えている。彼女の喜ぶ姿を思い起こすたび、OKバジも感謝の気持ちがこみ上げてきた。

日本に帰国中のOKバジには、こんなエピソードもある。

OKバジが日本で講演や支援者に会う際に、ランチ代として千円を受け取る時がある。そんな時、OKバジはファースト・フードで4百円のランチで済ませる。そうすると6百円の節約になる。ネパールの村に戻った時、その6百円でノートと鉛筆を買う。

ノートが５ルピー、鉛筆も一本５ルピー、合わせて10ルピー（約16円）。30〜40人の子どもたちにプレゼントすることができる。ファースト・フード店でハンバーガーを食べながら、あの村の学校の、あの子たちにノートと鉛筆をプレゼントしようと思い描いているＯＫバジの表情も自然と柔らかくなる。

ＯＫバジがドリマラ村に住み始めた当初の活動資金は、ＯＫバジ自身のポケットマネーであった。すぐに、ＯＫバジの思いと実際の活動を聞いた日本の数人の友人が資金を集めてくれた。そのうちＯＫバジのドリマラ村での支援活動が日本の地方新聞に小さく掲載された。それを読んだ寝たきりのお年寄りから手紙と寄付金がＯＫバジのもとに届いた。「ネパールの村人のために使ってください」と。ＯＫバジはその寄付金で橋をつくり、写真とともにそのお年寄りに手紙で伝えた。日本でＯＫバジの活動は口コミで広がり、賛同者は増え活動資金がＯＫバジのもとに集まった。

同じように、そんなＯＫバジの支援活動に資金を託す多くの日本人がいる。ＯＫバジはネパールの村を歩きながら日本のサポーターの顔も思い浮かべている。

「日本の友人たちからの好意、金銭的サポートをもらっても、ネパールで支援活動を始めた当時は、その好意を生かせる場所を知らなかった。いただいたお金の価値、その10円の価値を生かせる場所を知らなかった。だけど今だったら、その百円の価値、千円の価値を生かせる場所を知ったと思う。」

どうやって、お金の価値を生かすのか？

「お金の価値を生かすって難しい、価値って数字で表せないから。人によって喜び方は異なるけれど、一人ひとりの顔を思い浮かべ、どうしたら、その人が喜ぶのか考える。『何でもいいから、ネパールの村で使って…。』と資金を提供してくれた人も、あの人は教育に興味があったから、生徒の奨学金の基金として生かそうと。そうやって、やったことを写真と手紙で伝えると『ほんのわずか小さな支援でこんなに子どもが喜んでくれるとは』と手紙に書いてくれる。」

今では、スマートフォンを巧みに操り、音声入力でメッセージを作成し、日本の支援者に電子メールで連絡をとるOKバジだが、以前は日本との連絡手段は手紙であった。OKバジは1年間に約5百通もの手書きの手紙で活動報告を行っていた。一人ひとりの日本のサポーターの顔を思い浮かべ、資金が現地の活動にどのように使われたかを手紙に詳細に書いた。形式的ではなく、語りかけるようなOKバジからの手紙を読んだサポーターは、まるで自分が疑似体験をしているように感じる。
写真とともに届いた手紙を読んだある友人が言った。

「OKバジは、お金を生かしているね！」

様々な人々との共感を通じて、OKバジは顔が見える関係、顔が思い浮かぶ関係性をつくり、ネパールで賢慮の生き方を続けているのだ。

②「マッチングファンド」と「ジョラ基金」

「呼び水支援」、「つもり貯金」、などなど、OKバジがこれまでの自身の体験から名づけたOKバジ流の支援である。支援のエキスパートからしてみれば、すでに知られているものもあるかもしれない。ただOKバジの場合、そんなエキスパートに頼るわけでもなく、何かの書物に依存するわけでもなく、東パルパの村人とともに経験を積み重ねる中で生み出した支援の型である。
「マッチングファンド」、「ジョラ基金」という支援もOKバジが自らの経験から生み出した支援プロジェクトの型である。

東パルパの村々で、OKバジのもとに集まる教育に関する要望は、第一に校舎の建設、第二に教師の給与である。ガバメント・ティーチャーと呼ばれるネパール政府認定の教師であれば、毎月、決まった給料が支払われるのだが、東パルパの山深い村では、そのような資格を持つ教師は少ない。前述したダブラ村の幼児教室で教えている8年生まで終えたばかりの教師もボランティアベースで無給であった。

例えば、筆者が毎年訪れているバライタール村のセカンダリースクールの校舎は、1998年にOKバジの支援によって新しく建て替えられた。しかし、学校は教師に給与を払うことはできなかった。そこでスクールコミッティ（学校運営委員会）は、生徒の保護者から10万ルピー（16万円）の寄付金を集めた。これにOKバジを通じた支援金10万ルピーを加え、合計20万ルピーの「マッチングファンド」を設立した。そして、このファンドから生み出される利子で教師2人分の給与をカバーすることとした。

すべてOKバジの支援で村人の要望に応じてしまうと、村人のコミットメント、関与が薄れてしまったという、過去のドリマラ村での識字教室の設立から運営におけるOKバジ自身の失敗経験がそこには生かされていた。「マッチングファンド」というOKバジ流支援の型が導入された東パルパの学校は「我々の学校」として地域の関わりも高い。子どもたちが定期的に通う学校という場で、教師の努力に報いることに保護者がコミットすることによって、地域の人々が子どもたちの教育プロセスに積極的に関与していく傾向がある。

２００６年にＯＫバジは「ジョラ基金」という生徒個人向けの70の基金を創設し、１００人の生徒が、この基金から月々１２０ルピーを受け取っている。ジョラとはネパール語でランドセル。ランドセル基金である。対象は、突然親を亡くして孤児になってしまった子ども、火事で家が焼けてしまった子ども、親が失業してしまい金銭的援助が必要になってしまった子どもである。村の教師と親からなる選考委員会が、そのように突如状況が変わり不遇に直面してしまった子どもを選び、１年間、ジョラ基金から援助金を渡す仕組みである。ＯＫバジは言う。

「東パルパには、他のローカルＮＧＯによってつくられた、里親プログラムがある。１人の里親が１人の生徒に継続的に何年も支援するプログラムである。里親プログラムは、継続的にその子どもの成長がわかるので、里親にとってはいいプログラムだと思う。

一方で、我々が考えているより、村の動きは、流動的で変化があって。自分たちのいらないものが届いたり、有効に使えなくなったりと。そして、突然状況が変わってしまい、お金が必要になってしまう子どももいる。一長一短だけど、村のことを考えたら、フレキシブルなほうがいい。必要な時、必要な子どもに援助金が届く。そんな仕組みとして、ジョラ基金を創りました。」

2012年6月8日、日本経済新聞の「交遊抄」にOKバジの記事が載った。偶然にもその日はOKバジの誕生日であった。タイトルは「OKじいさん」。執筆者は竹内さんの友人であり、筆者の恩師の1人でもある安田隆二さんであった。

その記事にはOKバジのネパールでの支援活動が簡潔に書かれているので、ここで紹介したい。

OKじいさん　安田隆二

10年ほど前に知り合った垣見一雅さんは、ネパールの山奥を歩き回って村の教育・医療・農業の支援をしている。何でも頼むとOKと引き受けてくれるので、現地ではOKバジ（ネパール語でおじいさんの意味）として知られている。古希を越えた誠実、温厚な彼のOKは要注意。施しの優しさではなく、自立を尊ぶ厳しさがあるから。

彼が村の学校を建てる時の条件は、村人が3分の1の費用を供出し、山の下からレンガやセメントを運んで校舎建設に労働奉仕することだ。そうすると、彼は初めて3分の1を資金援助し、残りを貸し付ける。

こうしてできた学校は『自分たちのカネと汗で作ったオラが学校』だ。学校を訪れて見ると、登校拒否はゼロ。校舎に落書きはゼロ。生徒は目を輝かせて学んでいる。厳しく回収した貸付金は、生徒が親の病気や死亡で困窮した時に使われる。ＯＫバジは、見舞金を出すのではなく、ヤギを10匹買ってあげる。ヤギを世話して子ヤギを増やしていけば、ギリギリ自活できるからだ。学校では、自立の誇りを失わない遺児を目にできる。

私もこれまでに3回、ネパールに彼を訪ねている。垣見さんの生きざまは、優しい社会保障にあふれた日本社会での企業経営を研究する私に、新鮮なショックを与えてくれる。

（やすだ・りゅうじ＝一橋大学教授）

（出所：２０１２年6月8日、日本経済新聞朝刊より引用）

1――Thapa, Agan S.（2004）*Nepal's Well-Wishers in Japan*, Kathmandu, Miteri Manch Nepal、70頁から引用し、筆者が和訳。

2――カトマンズ盆地の南に位置する、カトマンズ、ポカラに次ぐ、ネパール第三の都市。

3――カトマンズ盆地の東端にある都市。

4――カトマンズからは、陸路で約２３０キロメートルに位置するネパール中部のディストリクト（県）。

5――Thapa, Agan S.（2004）*Nepal's Well-Wishers in Japan*, Kathmandu, Miteri Manch Nepal、74頁から引用し、筆者が和訳。

第6章

未来を語るOKバジ

本章では、これまでのOKバジの支援活動によって起こった村々の変化、コロナ禍のOKバジの支援、そして85歳となって未来を語るOKバジの姿を物語る。

1　OKバジのビジョン（どのような未来をつくりたいのか）

2012年12月、東パルパのOKバジは健康そのものであった。山道を歩けば、73歳とは思えない速さで坂を登っていく。OKバジが言うには、ネパールの山奥の村での電気も水道もない生活の中では〝5つの栄養素〟を自然に得ることができるという。

その5つの栄養素とは「いい水、いい空気、ストレスのない生活、よく歩くこと、そして、よく笑うこと」だと言っていた。ネパールの自然の中で、自然と共に生きるOK

バジの健康の秘訣であると思った。

この時、ＯＫバジと標高1千5百メートルにあるダルケシンという村を訪れた。真っ青な空に真っ白に輝くアンナプルナがよく見える東パルパでも最も高いところに位置する村である。ＯＫバジとダルケシンを訪れるのは2度目になるが、今回ダルケシンを訪れたのは、そこで村人が自主的に始めた「箒《ほうき》プロジェクト」を見るためであった。

ネパール語で「アムリソ」という掃除用の箒の材料になる草が、ダルケシンの山々に何万と植林されていた。自分たちのコミュニティで自給自足ができるようにと、ダマンという村のリーダーが自ら始めたプロジェクトである。アムリソから箒にするまで、自分たちのコミュニティで行って、それを他地域に販売して、コミュニティの利益につなげるというプロジェクトである。ダルケシンの一軒一軒の庭先には、収穫したアムリソを干していたり、乾燥したアムリソを束ねて1本1本の箒を作り上げる村人の姿があった。電気掃除機の普及がどこまで進むかわからないが、この「箒プロジェクト」がうまく行けば、何十年と持続的な利益をダルケシンにもたらすかも知れない。ダマンを中心に村人が自主的にこのプロジェクトを進めていた。

70歳を過ぎたＯＫバジは、自分が活動できなくなっても続くプロジェクトをやりたいと言っていた。そのきっかけとなったのは、ＯＫバジが東パルパのある村を訪れて、山にトンネルをくり貫いてつくられた灌漑用水路の建設プロジェクトを見てからだと言った。ＯＫバジがその村で聞いたのは、灌漑用水路のトンネルが掘られたのは2百年以上も前とのこと。その2百年前に村人の必死の努力によって作られたトンネルによって、その村では2百年以上もの間、田んぼに水が流れ米が育っている。

それをきっかにＯＫバジは3百年後まで続くプロジェクトをしたいと思うようになった。そのヒントがダルケシンの「篳プロジェクト」にあった。ダルケシンと同じように、自らのコミュニティの資源を活かして持続的な収入を生もうとしている村が増え始めているとＯＫバジは言った。

今では、村の特性を考え、そこに合ったコーヒー、シナモン、ウコン、みかん、ライチなどを栽培し収入の糧にしようという東パルパの村が増えてきた。ＯＫバジを通じた日本からの呼び水支援が30年という年月を経て、村人のマインドを変え始めたのかもしれない。「自分たちの力だけでは、できないこともＯＫバジと一緒にやればできる」と気づいて行動し、成功体験を積んだ村人が増えた。ダマンのようなコミュニティのためにと実践するリーダーも増えたのかもしれない。

近年のＯＫバジの講演は、1枚のスライドで終わることが多い。

“The tragedy of human history is decreasing happiness in the midst of increasing comforts.”「人類史の悲劇は、快適性が増える中で幸福を減らしていることである。」という有名な引用文の下線部、tragedy（悲劇）をcomedy（喜劇）に、human（人類）をOKバジに、decreasing（減る）をincreasing（増える）に置き換えて、OKバジ独自の一文として話すのである。

“The comedy of OK Baji's history is increasing happiness in the midst of decreasing comforts.”「OKバジの喜劇は、快適性の低下の中で幸福を増やすことである。」。

東パルパの生活の中で、村人の幸福を増やしてきたOKバジの〝これまで〟が表現されている。

さて、OKバジの思い描く〝これから〟の未来はどのようなものであろうか。

2019年9月にOxford University Press（オックスフォード大学出版局）から英文で出版された野中郁次郎さんと竹内弘高さんの共著『The Wise Company』では、ビジョンを“What kind of a future do we want to create.”（どのような未来をつくりたいのか）と定義している。

「どのような未来をつくりたいのか」、その問いへのOKバジの答えはこうだ。

「東パルパは、水に困らないようになって欲しいですね。」

「ネパールは外国に頼らずとも自立できるようになって欲しい。」

日本の未来はどうなのか?

「日本にいると、need（必要）がgreed（欲）に変わってしまう感覚があります。時計を少し巻き戻して、もう少し昔の生活水準に戻ってもいいと思う。『知足（足るを知る）』を思い出して欲しい。」

世界の未来はどうであろうか?「世界は、どうあって欲しいですか?」と問いかけたところ、「なんで人間は二本足で立つようになったという理由を聞いたことがありますか?」と逆にOKバジから問いが返ってきた。

「人間が2本足で立つのは余った両手を困っている誰かに貸すため…。もし、もっと多くの人々が両手で困っている人々を助けることができたなら、きっとよい世界になると思います。」

これがOKバジのビジョン、夢である。そして、OKバジの日々の挑戦である。

①東パルパの変化とNew Hopes：新たなる希望！

2018年12月、タンセンとランプールをつなぐバス通り沿いの丘の街、ベルダーラでOKバジに会った。多くの雑貨店や飲食店があり、朝から行き交う人々で賑わっていた。この日は空がくっきりと青く澄み渡り、遠くの北の空にはアンナプルナ連峰が鮮やかに白く輝いていた。

筆者が滞在していたバライタール村からは、バイクの荷台に乗って2時間であった。同行したのは、隣村のセカンダリースクールの教師が2名。彼等の学校で近々開かれる創立50周年記念式典のインビテーションをOKバジに直談判する目的で同行していた。OKバジを通じた日本からの支援によって、校舎を建て直すことができた東パルパの幾つもの学校が、ここに来て創立50周年を迎え始めている。どの学校もOKバジを記念式典にチーフ・ゲストとして招きたいのだが、OKバジの多忙なスケジュールとはなかなか合わない。この日は運良くベルダーラを経由して次の村へ移動予定だったOKバジとタイミングよく再会することができた（**写真6－1**）。

東パルパの状況は、めまぐるしく変化している。まずは道路の整備が進んだ。タンセ

写真６－１　OK バジとの再会

出所：2008年12月筆者撮影

ンからランプールまで約50キロメートルのバス通りは、以前は凸凹だらけの泥道だった。それが今では、整備が進み全体の2分の1は、アスファルトで舗装されている。おかげでバスでの移動時間も驚くほど短縮された。バライタール村のメイン道路も以前は狭く、道で水牛と出くわすと、すれ違うのが容易ではなかったが、今では車2台がすれ違えるほどの道幅に拡張されている。

また、人が渡るのもやっとのカリ・ガンダギ川にかかる吊り橋もバスが渡れるようになるなど村までのアクセスは以前と比べて格段にスムーズになった。

２００1年に筆者が初めてバライタールを訪れた時、バイクを持っていた村人は退役軍人さん2名程であったと記憶しているが、今では大多数の村人がバイクを所有し彼らの足として重宝されるようになった。

プリペイドの携帯電話も驚くほどの勢いで普及している。村の大人だけではなく子どもまでもが手にしており、海外に出稼ぎに行った父親が買ってくれたとスマートフォンを持つ生徒も多くいる。以前は、同じ内容の手紙を元校長のジーバンさんと、現校長のマヘンドラさんに3通ずつ送っていたことは前にも述べた。「いついつネパールを訪問し、カトマンズからポカラに移動するのは、いついつだから、いつものポカラのホテルまで、誰か迎えをお願いします…。」といった内容の手紙を送り、彼らの手元に手紙が届いているものと信じて、日本を出発したものだった。そんな気苦労などもあって、待ち合わせ場所のホテルで出迎えてくれた村人と会えると喜びもひとしおだった。それが今ではスマホを持つ友人にSNSやメールで日本から連絡を取れるようになった。

OKバジが東パルパで支援活動を始めて30年が経った。最も感じる変化は、初等教育だという。30年前、東パルパでは貧困のため、半分の子どもが学校に通うことができなかった。奨学金の支援などOKバジの尽力によって支援が集まり、今では貧困を理由に学校に通えない東パルパの子どもはいなくなった。

少し脱線したが、OKバジとのベルダーラでの再会の話に戻る。

待ちあわせ時間どおりに、OKバジはベルダーラに現れた。その直前に訪れていた村の村人が運転するバイクの荷台にOKバジは乗ってきた。オフィス代わりのいつものリュックを背負い、ウェストバックを腰にしたOKバジの左手には袋からあふれんばかりのミカンを持っていた。

OKバジが登場するなり、ベルダーラの村人たちが我先にとOKバジに話しかけた。村人に取り囲まれる姿は、東パルパのどこに行っても見慣れた光景であった。待つこと30分。筆者が話ができる順番になった。

OKバジがハリのある元気な声で嬉しそうに言った。

「バハプルという村を知っていますか。この村が凄いんですよ。村に入るとミカンの香りが、そこら中でするくらい凄いんです。どこの家庭もミカンの香りでいっぱいです。ここに来る前に寄ってきたら、お土産にたくさんのミカンをくれたのです。村中ミカンの木でいっぱい。あれでバハプルの村人たちは、すごい稼いでいるのでしょうね。27～28年前って言ってましたね。アーミーを退役した気のきいた1人の村人が、将来、ミカンがいいから、植えて育てようじゃないかと始まったみたいですね。本当に自分たちの力で自立した村なのです。」

ババプル村には、ＯＫバジから飲料水とバイオガスの支援が入っていたが、村人たちの自らの知恵と手で収入を得ることがＯＫバジにとって何よりの喜びなのである。ＯＫバジは話を続けた。

「今、楽しみにしている1つは、バナナですね。ジャミレ郡のモラグラム村では、結構大きなバナナができて、これが甘くて美味しいのです。行きにくいところだけれど川に近い村で、バナナの木を4千本植えていますから、これからを楽しみにしているんです。」

そう言うと茶店に立ち寄りＯＫバジはウェストバックからデジカメを取り出して、モラグラム村のバナナの写真を見せようと再生ボタンを何度も押した。

ところが、バナナの写真の前にデジカメのモニターに映し出されたのは、ショッキングな映像であった。モニターに映し出されたのは、足の写真のアップ。足の形が変に歪み、皮膚が黒く焼け爛れたようにも見え、足の一部は欠けていた。２００1年4月に一橋ＩＣＳで初めてＯＫバジの講演を聴いた時に見た、あの映像が記憶に蘇った。ＯＫバジの表情が一瞬曇った。

「すごい足ですね。腐っちゃって、ティタナス（Tetanus：破傷風）かもしれない。この足は切ることになるかもしれない。だからこの村人をカトマンズに送るところ…。2万ルピー（約2万円）を渡して、とにかくカトマンズの病院に行くようにと。」

東パルパの開発が進んだと言っても、まだまだ日本では見られないような病気に苦しむ村人がいる。OKバジの力をベーシック・ニーズのレベルで必要としている村人がいるのだと、その時、改めて気づかされた。

ちょうどそのタイミングで、先ほどの茶店の店主が歩み寄り、我々に尋ねた。

「チヤ、ベイヨ（飲み終わった）？」

「デレイ、ミトバヨ（とても美味しかった）」とOKバジ。

OKバジは、デジカメのモニターの写真を破傷風の足から五重六重と連なった黄色いバナナの写真に切り替えた。

「これ大きいでしょ。すごいバナナ。これ結構美味しいんです、香りもいいし甘いし。モラグラムの村人たちが、どのくらい儲かるかわからないけれど、上手くいけば、1つのモデルケースになるかな。このプロジェクトには14万ルピー（約14万円）を村に融資したんですよね…。」

そう話を続けるOKバジの表情は、先ほどのバハプル村のミカンの話をした嬉しそうな表情と少し違っていた。破傷風の足の村人への姿がOKバジの脳裏によぎっていたのだろうか。喜びだけではなく、痛みや苦しみ、村人の喜怒哀楽すべてに共感するOKバジの姿があった。

②村で流行り始めたビジネス：村人の起業支援

ベルダーラでのOKバジとのやりとりは続く。「ここで会えて良かったです。バイクで1時間のところに、ちょうどいたので。」と話すOKバジの後ろで、行き交うジープが激しくクラクションを鳴らす。

「車が増えましたね、道路も次から次へとできて…。」と、OKバジは感慨深く言い、最近、流行り始めた養豚ビジネスのことを思い出していた。

「今、個人で豚を育てて売るビジネスがすごく流行り出した地域があります。ブトゥケという村に中国資本のアジアで2番目に大きいというセメント工場ができました。大きな道路もできて、その工場からセメントを運ぶトラックは1日250台にもなるって聞いています。この前もそこをジープで通ったら真っ白な砂埃が舞い上がって大変でした。

その道路の沿線に中国からの労働者向けの宿泊施設がどんどん建てられて、小さな飲食店がオープンしているのです。ブトゥケ周辺の村々の飲食店では、中華料理に必要な豚がないかと探し回っています。それで周辺の村人がその要望に応えようと豚を飼って育てるために、村のママさんグループを通じて、僕に融資を求めてきます。ブロイラー鶏の養鶏も始める人も出てきて、やはり、僕に融資を求めてきます。」

OKバジから融資を受けたアマサムア（ママさんグループ）が、養豚ビジネスや養鶏ビジネスを起こしたい村人に利子を取って貸し付けるのである。豚の場合は、1頭4千ルピー〜5千ルピー、アマサムアが村人個人に貸し付ける。利子はアマサムアが、その地域にあった利率を決めていて、多くは年に10%であるが、12%というところもあれば、18%もある。OKバジには決められた返済期間で原資が戻り、利子がアマサムアの収入となる。ビジネスを起こした村人はその事業で稼ぎ、アマサムアは村人からの利子で収入を上げるという仕組みである。

養豚、養鶏ビジネスに加えて、最近、東パルパで流行りの耕運機ビジネスについてもOKバジは教えてくれた。

「他にも、3年前くらいから流行り始めているのは、耕運機のビジネスです。もともと村人は、田畑を耕したり稲を刈ったりするのに、雄牛や水牛の力を借りていたけれども水不足のところは結局労働が多くなってしまった。なぜかというと、牛にしてもヤギにしても必ず水を飲むからです。水牛なんて1日に30リッターくらい水を飲む。それだけの水を確保するのが大変で、水牛を飼わなくなった家もあります。

少しずつ村人の価値が変わり始めて、雄牛を飼うのにも餌が必要で、餌を毎日やるのは大変だから。雄牛を飼っても、自分の畑まで連れて行くのが大変だとか、川を渡るのが大変だとか。吊り橋はできたけれど、雄牛が怖がって渡らないとか。いろんな理由があって、だんだん牛の数が少なくなってきちゃった。そうすると牛の数が足りないんで、牛に変わって機械が入ってきたわけです。

でも実際に耕運機を使ってみたら楽ですよね。早いし。1日、牛を借りると5百〜

6百ルピー（約5百円〜6百円）かかる。それまで牛で1日かかっていた仕事を耕運機は1時間でできてしまう。それで耕運機が欲しくなった村人が増えてきたので、あちこちで、その地域のNGOを通じて融資しているのです。2年後に返してもらう約束で10万ルピー（約10万円）を貸しています。

ライコットという村では、学校が主体となって運用、管理するからと、貸し付けたお金で耕運機を1台購入しました。その1台を3人の村人が耕運機オペレーターとなって雇用が創出されて、しっかりと稼げるようになったのと同時に学校にも収入が入るようになったのです。

自分の田んぼの世話ができない学校の先生とか、旦那さんが海外に出稼ぎに行って男手が足りない家族とか、耕耘機オペレーターに頼んで耕してもらう。村に耕耘機オペレーターという仕事が1つ生まれる訳です。これから先、どのあたりでピークを迎えるかわからないけれども、まだまだ伸びる余地のあるビジネスだと思います。」

東パルパには、日本で見ることはない病気や疾患に苦しむ村人もまだまだいれば、水不足の村もまだまだある。支援の原点であるベーシック・ニーズの充足を今でも最優先にOKバジは村々を巡っている。その一方で、周囲の環境変化をいち早く察知して養豚や養鶏といった事業を自ら起こし持続的に安定した収入を得ようと自立し始めた村人もＯＫバジは支援する。また、村に耕運機が1台あれば、互いに貸し合うこともでき、耕運機オペレーターという新しい仕事も生まれると、地域コミュニティの事業もＯＫバジは支援する。

村人の自立、地域コミュニティの自立は、ＯＫバジの描く未来のビジョンの実現へとつながる新たな希望である。

③アマサムア（ママさんグループ）の乳牛プロジェクト

ＯＫバジの期待が膨らみ新たな希望となっているのが、村のママさんグループによる乳牛プロジェクトである。

ＯＫバジは東パルパの44の村の「アマサムア」（収入向上のための村のママさんグループ）に、それぞれ5万ルピー（約5万円）を融資した。目的はそれぞれの村の収入向上である。何をやるかは個々のアマサムアにお任せのプロジェクトである。これによって、驚くほど活気が生まれた村があり、海外に出稼ぎに出かけていた村人も自分の村に戻り始めるようになったとＯＫバジは教えてくれた。

ここで少し筆者の体験したエピソードを紹介したい。筆者がバライタールの学校で教えていると生徒から「ウチに遊びに来て」と声をかけてくれることがあった。このお誘いは大歓迎であった。生徒の家までだいたい片道1時間くらいかかる。時には2時間近くかかる家もあるが、彼らの家に行く道中、山道を歩きながらのおしゃべりは楽しいし、どんな村に住んでいるのか楽しみに歩く。ありがたいことに夕食をご馳走になることもあるが、それぞれの家庭で味付けが違い美味い。ある生徒の家を訪れた時、父親の姿が見えないことがあった。何気なく生徒に聞いてみた。

「お父さんはマレーシアに出稼ぎに行っているけど、1年に1度、ダサインのお祭りの時にはネパールに戻ってくるので、その時会うことができる。」

その翌日の授業で9年生と10年生に聞いた。

「お父さんが海外に出稼ぎに行っているお家は?」と。すると、それぞれのクラスで半数近い生徒の手が挙がった。

ＯＫバジの拠点があるドリマラ村は、村のほぼ全世帯から53名の男性が海外に出稼ぎに行っている。村には仕事がないから、父親が海外に出稼ぎに行って家族が一緒にいられない。なんとかならないか。そんな思いでOKバジと前述の安田隆二さんと共に、一橋ICSの後輩、ヤマハ発動機の茨木康充さんの協力も得て、村人のバイクの修理工という職業支援プロジェクトを始めたりもした。

話は戻る。OKバジの支援によって、最近は何が起こっているのか？

OKバジは、村のお母さんたちによる収入向上プロジェクトについて話し始めた。

「ここ数年、東パルパの44の村のアマサムアを支援しました。最初に支援したのは、ジルバース郡のラーベという村です。そこで、ママさんグループのミーティングホールを建ててほしいとリクエストがありました。ミーティングホールの建設支援はできないけれど、5万ルピーだけ援助するから何か自分たちの収入が得られるプロジェクトを考えてって言ったらね、彼女たちはジャガイモの種芋を買って育て始めた。やっぱり早く成果が出るというとジャガイモなんですね。植えたジャガイモは見事に育ち、売りに出されて儲けることができて、彼女たちの収入もしっかりと増え融資も返済できて、みんな上機嫌でした。

そのことを周囲の村のアマサムアも聞いて、私たちもと僕のところに言ってきた。日本のいろんな団体からの支援を集めて、全部で220万円を44のアマサムアの支援に使いました。

プロジェクトの目的は収入向上です。とにかく収入を上げるためなら何でもいいから、各アマサムアに5万ルピー渡しました。返済期間については、プロジェクトによって1年で返済しなければいけないものもありますが、豚の場合は返済期間が2年、アムリソ（箒の草）やバナナの場合の返済期間は4年といった具合です。

新たな収入獲得のために何をやるか、何を育てるかは、それぞれの土地にあったものを自分たちで考えてもらいました。うまく収入が増えたところもあれば、まだまだのプロジェクトもありますが、一番変わったのはママさんたちの〝やる気〟です。

ジャミレのアマサムアは、養豚ビジネスにチャレンジ中ですが、ここまでのところ、儲けた金額は4千ルピー（約4千円）。それでも、僕のところにニコニコしながら原資の返済と報告に来るんですよね。なんで、そんなにニコニコするのかって聞くと、『村全体が1つになって、儲けたお金は少ないけれど、みんなでやった時にハイキング気分で楽しかった』と。」

44村の中で、上手くいったアマサムア、まだまだ成果が出ないアムサムアとあるものの、女性たちからは「みんなで村のためにやる」という生き生きとした一体感を感じると、ＯＫバジは言う。

「ママさんたちの話は面白いですよ。僕が喋る間もない、人を制して機関銃のように喋る。話す。誰か、このくらい儲けたって言うでしょ。そうすると、私はもっと儲けたわよって、なる。凄く賑やか、活気がある。それだけでも変わりますよね。」

ＯＫバジの話は続く。特にママさんたちに活気と勢いを感じるという村の話に、ＯＫバジの熱も入る。

「タンセンから西に車で20分くらい行ったところに、バルコットという村があります。その村の変わりようは凄いです。そのバルコットという村のアマサムアは、3年前、僕からの5万ルピーで、こんなに太い（両手の親指と人差し指で輪ができるくらい）パイプを買って、水源から村まで野菜栽培のために灌漑用水路を引くことにしたんです。そうしたら、いっぱい水が来るようになったんですね。

バルコットのアマサムアは、その水でトマトを栽培して成功したんです。タンセンまで車で20分の距離、大きな道路もあるので見事に育ったトマトを運んでタンセンのマーケットで売りに出したら、もの凄く儲かったみたいです。それで自信もついた。すごく儲かるからって、海外に出稼ぎに出ていた男性陣も戻ってきた。

それで、儲かったお金でトマトの他にも何かをやろうと、次に目をつけたのが、驚きましたよ、乳牛です。トマトの儲けで、1頭8万から10万ルピーもするホルスタインを買ってミルクを売りに出すことにしたんです。大きなホルスタインを飼うためには、住まいが必要といって、全部自分たちで稼いだお金で15世帯がそれぞれ牛舎を建てることになったんです。ホルスタインを2頭飼いたいっていう家は、2頭分の牛舎。全部自分たちで稼いだお金で、僕のドリマラの家よりももっと大きくて立派なホルスタインの住まいを建てたんです。そうしたら、さすがにお金が足りなくなったんだけれど、15世帯のそれぞれが5万ルピーを用意して、僕にマッチングファンドを申し込んできた。15世帯に5万ルピーで75万ルピーが必要となって、日本のある団体に相談して用意して、アマサムアに貸すことになった。それがつい最近の出来事です。僕が2年で返済するようにと言ったら、半年で返せると、ママさんたちの鼻息が荒くなるくらいやる気と自信に満ちています。1頭のホルスタインから1日30リッターくらい取れるミルクを自分たちで村の組合みたいなものをつくって売ろうとしている。

自分たちでバスを借りて、乳牛ビジネスの現場見学に行ったり、ホルスタインの飼育に必要な知識を得るために、自分たちでお金を出し合って専門家を講師として村に招いたり、最初の野菜栽培の灌漑用水路が、まさに呼び水となってトントン拍子に進んでいるのです。」

そうOKバジは、バルコットの乳牛プロジェクトについて話してくれ、最後にこうまとめた。

「みんなのやる気を見ていると僕もワクワクしてくるんです、あれが、うまくいったら、外国に出稼ぎに行く人も減るんではないかな。やっぱりこのままだと、この国からいい人材、若い人材がいなくなっちゃうんじゃないかな。だから、あのホルスタインのプロジェクトだけじゃなくて、他のアマサムアの収入向上プロジェクトも上手くいけば、海外に出た旦那さんたちも、地元の村に何かチャンスがあるって、ネパールに少しずつ戻ってくれるといい。そんなところを楽しみにしている。」

その半年後、東京で会ったOKバジがアップデートされた情報を教えてくれた。バルコット村から出稼ぎに出ていた8人のうち3人が村に帰ってきた。その内の1人がリーダーとなって、海外で得た知識も活かし、村のホルスタインから採れたミルクの濃度測定などの品質管理、売買交渉、経理を担い、順調に進んでいるとのこと。村中、活気に満ちて、相変わらず鼻息も荒いとのことだった。

そして、このバルコット村の噂が地域政府の耳に入るようになり市の役人がバルコットにやってきて、本当に乳牛がいるのか、どんな野菜を栽培してどれだけ儲けているのか等、調べたそうだ。その結果、市の役人はバルコット村の可能性を信じ新たな集荷場の建設費用として百万ルピー（約百万円）の予算を認めることとなったそうである。

「村人たちからその話を聞いて、僕はワクワクしているんです。それこそ新たな希望なんです。」

そう話すＯＫバジは、心から嬉しそうであった。

2　パンデミックと85歳のＯＫバジ

①お米支援とＯＫバジの活力の原点

２０１９年6月、ＯＫバジは80歳になった。

その翌年、２０２０年が始まると、地球を新型コロナウイルスのパンデミックが襲った。ネパールの東パルパも例外ではない。国内全域でロックダウンとなり経済活動が制限された。２０２１年、ロックダウンが解除され、82歳になったＯＫバジは村人の状況を確認するため村々を訪れた。見えてきたのは、仕事がなくって収入が減り、食べることに困っていた村人の現状であった。主食とするお米が十分に足りていなかった。子どもが多い８人とか10人の家族では、２週間で50キログラムあまりのお米を消費してしまう。お米が足りなくなった家族は、米がある家族に借りにいくが、すぐに借りることができる先が無くなってしまった。お米屋さんから買いたくても、仕事がないのでお米を買う現金がない。

後で、お米で返すから、今、お米を借りたいと言っても現金がなければダメだと断られてしまう。他のお米屋さんを回っても同じことが起こっていた。お米がみるみるうちに減っていき、焦り出した親は、いつもより水をたくさん入れて米を炊くようになった。そうやって、お湯たっぷり粥状のお米で子どものお腹を何となくいっぱいにして、食後は早く寝かしつけるといった対応に迫られていた。

その現状を知ったＯＫバジは、この子どもたちを何とかしたいと、勇気を出して、お米を買うお金を寄付してほしいと日本の支援者に頼った。すると、２カ月で６５０万円の現金がＯＫバジのもとに集まった。ＯＫバジはこの６５０万円すべてをお米に変えた。その６５０万円分のお米を東パルパ一帯のお米が不足している家庭に50キログラムづつ配って回った。41日間ぶっ続けで、村々を巡った。村人が運転するバイクの後ろに乗っての移動だが、でこぼこの悪路を走るバイクの後ろにバランスをとりながら、落とされないように座り乗り続けるには、体幹の強さが求められた。82歳のＯＫバジの身体にはこたえた。

しかし、41日間、ひと時も休むことなく、村々を巡ってもＯＫバジはまったく疲労を感じなかった。コロナ禍で、仕事もなく現金もなく、お米不足の状況に置かれた時の村人には、ＯＫバジが運んできた50キログラムのお米のありがたさは格別であった。お米が届いて喜びのあまり涙を流し手を合わせるお婆さん、ＯＫバジの前に泣き崩れるおじいさん、50キログラムという重さの米を待っている子どもたちにいち早く届けようと、ヨイショと背負い歩き出す若者の姿、そんな状況に触れたＯＫバジも喜びに満ち溢れた。その時、ＯＫバジは感じた。

「ああ、これがやっぱり僕が活力をもらえている原点なんだ。誰かが喜ぶことをしている時って、人間って疲れないんだって、単純な結論にたどりついたんです。お腹がペコペコの時の50キログラムのお米って、こんなに価値があるんだ、お米に変わった６５０万円がこんなに生きているんだって気づかされたんです。ＳＤＧｓに照らしたらダメと言われてしまうかも知れないけれども、やっぱり、眼の前で空腹を抱えている人がいると、僕はどうにかしたくなってしまう。特に子どもがお腹を空かせている時は、とにかくお腹をいっぱいにしたくなってしまいます。」

ＯＫバジにとって、コロナ禍でのお米の支援は、ＯＫバジの活力の原点は「村人の喜び」であると気づかされた。それと同時に、日本の支援者への感謝が溢れ出る体験であった。村人の喜ぶ姿に喜ぶ自分、と同時に日本の支援者への感謝が湧き上がる。身体中に満ち溢れる「喜び」と「感謝」によって、ＯＫバジの疲労はどこかへ吹き飛んでしまったのかもしれない。

②初期投資の支援と自立する村人

最近になってOKバジが力を入れていることがある。それは、個人で事業を立ち上げる村人への初期投資の支援である。前述のように、家族を村において出稼ぎに海外へ赴く、ネパールの村人が多くいたのだが、OKバジは言う。

「一旦海外に出てみて働いてみると、同じ8時間働くのならネパールで家族と一緒にいる方がいいと感じて、村に戻ってくる若者が増えているんです。

それまでは、個人に資金を貸し付けることがなかった。本来であれば、そういった初期投資の資金は村の農業銀行から借りることもできるのだけれども、書類などの手続きが難しいことに加えて担保を求められても村人には担保力がないから借りられない。だから、そういう若者を見て10万円から20万円を2年間の返済を約束して、資金を貸し付ける初期投資の支援を始めることにしたのです。

ただし、僕から個人に直接貸し付けると、返ってこないといけないから、必ずその地域のママさんグループを通じて貸し付けることにしているのです。ママさんグループが保証人になってくれるんです。ママさんたちは、村の一人ひとりをよく知っていますから。自分の村の中では、お互いが家族のようなもんですから。いざとなったら借主に取り立てに行ってくれる。ママさんグループには、手数料として貸付金の８％の利子をあげているんです。そうやって、これまで、みんなしっかりと返済してくれています。

その初期投資でヤギを育てたり、養鶏をやったり、舞茸の農場を立ち上げたり、野菜農園を始めたりして、海外に出て戻ってきた村人たちがそれなりの収入を得て自立できるようになっているのです。」

海外に出ることによって、農業に関する知識やビジネスについての知識など、村では得ることもできなかった新たな知識を得て戻ってくる若者が多くなっていた。中には、自分の家族だけではなく、村の女性のためにも仕事の機会を提供したいと、ＯＫバジから資金を借りて、菜園を始めた村人もいる。その菜園では、地域の十数人の女性が働き、収入を得ることできるようになった。

以前に比べ、地域の暮らしをより善くしたいという当事者意識を持った村人が増えたことは明らかであった。ＯＫバジの継続的な支援によって、自分事として村のために行動を起こす村人が現れてきたのである。

③再びOKバジとともに

２０２３年1月、新型コロナが落ち着いた頃、筆者はネパールを訪れた。２０１８年12月以来、約4年ぶりの訪問であった。バライタール村に11日間滞在する中で、再びOKバジとともに4日間、東パルパの村を巡った。

OKバジとの村歩きを終え、バライタール村を出発してポカラに到着したその日、OKバジにメールを送った。

＊＊＊＊＊＊＊＊＊

ナマステ！

本日、ポカラにやって来ました。

朝の6時50分にジープでバライタールを出発し、ちょうど4時間で、ポカラのレイクサイドに到着しました。以前に比べるとかなり早くなったと思います。

今回は4日間の村巡りに同行させていただきありがとうございました。

ジープ代も食事代もすっかりご厚意に甘えてしまいました。

２０１８年12月以来、久しぶりのネパール訪問、4年前、さらには、初訪問の21年前をふりかえって、いろいろな変化を感じました。

びっくりするくらい広くなって舗装された道、バライタールのスーパーマーケット、電気ケトルで直ぐに沸くお湯、スマホやＷｉ－Ｆｉの普及、多くの若者が結婚相手をフェイスブックで見つける等々…、大きく変わった村の様子に驚かされました。村の生活が変わる一方、ランプールで勉強に励む女性生徒、ピーパルバンジャンのやる気に満ちた若者、キノコファクトリーのシェルバハドールさん、トマト農園の若者、ブトゥクティの村をあげてのジャガイモ栽培等々、自分の力で自立を目指す村人、そして自分事として村のために行動を起こす村人が、以前より圧倒的に増えているのではないかと感じました。

これもＯＫバジの継続的な支援があったからこそだと思いました。

同時に、21年前と変わらないものも多く感じました。白く輝く荘厳なヒマラヤはもちろん、菜の花の黄色、お偉いさんの長いスピーチ、村の皆さんの元気な大きな声、美味しいお米、ダル、ロキシーの味等々は、21年前と変わってないと感じました。

何より〝村の子どもたちの眼の輝き〟は、21年前と変わらず惹きつけられるものでした。

2001年12月と2004年1月のOKバジとの村歩きの記録を見つけたところ、このような行程でした。

2001年12月
1日目：バライタール ⇩ ミッテル
2日目：ミッテル ⇩ チース
3日目：チース滞在
4日目：チース ⇩ ドリマラ

2004年1月
1日目：チース ⇩ ジャミレ
2日目：ジャミレ ⇩ ムダバス
3日目：ムダバス ⇩ ミッテル
4日目：ミッテル ⇩ ドゥンダーラ
5日目：ドゥンダーラ ⇩ サハルコット
6日目：サハルコット ⇩ バカマラン
7日目：バカマラン ⇩ バライタール

ミッテルからチースまでの距離を1日で歩いていたとは自分でも驚きました。あの時ＯＫバジは62歳、今の自分よりも6歳上で、あの山道をあのスピードで歩いたＯＫバジの健脚に改めて驚かされています。

そして83歳となった今回のＯＫバジの健脚ぶりにも驚かさせられました。チースへ向かうあの急な登り坂を40分間、ＯＫバジはスタスタと自らの足で登って行ったのですから。

ＯＫバジに負けじと、まだまだパルパの山道を歩けるように心がけます。今回の村巡りでは、チースで出会ったあの青年の眼を忘れることはできません。ＯＫバジが、初めてチースに建てた小学校の生徒であった彼が、あの当時のＯＫバジと共に過ごした時間を鮮明に覚えていることに驚きました。

「ＯＫバジがチースに来て一緒にたくさん遊んでくれた。ＯＫバジがゲームを教えてくれた…」等々、つい先ほどまでＯＫバジと遊んでいたように、本当に眼をキラキラ輝かせながら語っておりました。

そして「自分がリーダーとして、チースの暮らしをよくしたい」とＯＫバジを真っ直ぐ見て語る様子に胸を打たれました。これが、ＯＫバジの30年の証なんだ。ＯＫバジの賢慮のリーダーシップを受け継いだ村人がここにいると感じた次第でした。

＊＊＊＊＊＊＊＊＊＊

④ＯＫバジの承継

２０２４年6月、ＯＫバジは85歳になった。

東パルパの村々では「ＯＫバジは高齢だ。本当にバジ（おじいちゃん）になってきた。この先、ＯＫバジが今までのように活動できなくなったら、どうするのか。」、日本の講演会では「ＯＫバジの後継者はいるのか？この先、ＯＫバジの支援活動はどう継続されるのか。」といった問いかけが、当然のようにＯＫバジに投げかけられることが多くなってきた。ＯＫバジはこう語る。

「僕は、支援とは子育てのようなものではないかと考えるようになりました。東パルパで支援を始めて約30年、最初の頃は、全面的に手を貸さねばならない時もありました。その当時は、〝ばらまき支援〟と揶揄されました。眼の前で助けを求める人に出会ったら何でもあげてしまっていたのだから。よく『病気の治療より予防が大事』であるとか、『魚を与えるのではなく釣り方を教えよ』とか言いますよね。その理屈は僕もわかっているんです。だけれども、やっぱりまだ自分の足で立てないヨチヨチ歩きの時は、親が必要なように、支援でも誰かのサポートが必要な時があると思うのです。眼の前で病気で苦しんでいる人に、治療よりも予防なんて決して言えないです。僕の少しの支援で苦しんでいる人が治るなら、治しちゃいましょうって、支援してしまいます。確かに〝ばらまき支援〟だと思います。

ネパールは11年におよぶ内戦を経て、政府も安定し中央集権から地方分権へと行政体制も大きく変わりました。その結果、地方の自治体の開発支援も進むようになりました。東パルパも、もうヨチヨチ歩きの時代は終わったと思います。もう自分の足で立てると思います。」

30年の時を経て、ＯＫバジの支援がなくとも、東パルパの村人は間違いなく、自らの足で立てるようになっている。あのチースの青年がＯＫバジに語ったように。

２０２４年10月19日、ＯＫバジの支援活動の「30周年の記念式典」が開催された。場所は、１万５千人が集まった「10周年の記念式典」と同じ場所だ。その場所に今回は５千人が集まった。10周年の記念式典の時、OK Baji Friendship Park（ＯＫバジ友好公園）と名付けられた会場の片隅の一角には、幾つもの木の苗が植えられた。それから20年が経ち、その苗は立派に大きく元気に成長し、青々と緑の葉を豊に茂らしている。

1993年4月にドリマラ村のテント生活から32年の月日が流れた。

この「30周年の記念式典」の翌日、OKバジから式典に参加した感想をメールで寄せていただいた。

＊＊＊＊＊＊＊＊

30周年記念の式典に参加して。

私が32年前 村に住み始めた時は電気はない、水道はない、トイレもない、車が通る道もない、ないない尽くしの村々ばかりでした。

そんな村々の中に私がずっと32年間感じ続けていたもの、それは素朴な村人たちの異邦人に対する愛だったような気がします。

今回、式典が行われた4時間の間ずっとその愛を感じ続け、感謝の気持ちでいっぱいでした。また、その愛にずっと32年間応え続けてくださったのが日本の支援者の皆様でした。ありがとうございました。

今回の式典のテーマ、それは愛と感謝だったと改めて感じています。　OK baji

このメールに続いて、直ぐにOKバジから追伸があった。

読み返して恥ずかしい限りですが、思い切って送らせていただきました。

私の村人たちからの愛、そして日本からの問題を抱えている村人たちへの愛、さらに私の感謝の気持ちが伝われればありがたいです。　OK baji

＊＊＊＊＊＊＊＊＊＊

終章　ＯＫバジの賢慮とソーシャルイノベーション

1 「より善い」に向かう「判断」と「行動」

本書は、ここまでネパールの山間の村々で暮らす人々が「より善く生きる」ための支援を30年間にわたり継続してきたOKバジの物語りを描いてきた。

繰り返し述べてきたように、賢慮とは絶えず状況が変化する現実のただ中で、何が正解なのか分からなくても〝いま・ここ〟の文脈に応じ「より善い（better）」に向かって判断し行動を起こす実践的な知恵である。

OKバジは、村々を巡り、眼の前の病で苦しむ人々を助けたい、お腹を空かせている子どもにお米を届けたい、子どもたちにより善い教育環境をつくりたいと、彼らにとっての「より善い」の実現に向けて行動を起こし続けてきた。OKバジは、村人たちと共創するなかで育んだ賢慮のリーダーシップをいかんなく発揮してきた。

賢慮とは「判断」し「行動」を起こす実践的な知恵である。そうであるならば、「判断」と「行動」を実践しなければ、一人ひとりの賢慮も育まれることはなかろう。

本書で語ったOKバジの物語りには、OKバジの「判断」と「行動」にまつわるエピソードが散りばめられていたことに、読者の皆様も気づかれていたと思う。

例えば、OKバジは教えることが好きで好きでたまらなく、何よりもやりがいを感じていた。23年間勤めていた東京での講師の仕事を辞めたこと、そして私塾「かきみ塾」をクローズしてネパールへ移り住むといった「判断」は、OKバジの人生においても大きな転機となった判断の1つであったことは間違いない。さらに、東パルパで支援を始めてから直面した数々の「迷い」と「葛藤」の中でOKバジは判断を迫られた。Give my son a life（私の息子に命を下さい）と、OKバジを待ち伏せしていた村人から嘆願され、限りある資金で1人の子どもを助けるのか、多くの子どもや村人のために託された支援金を使うべきなのか厳しい判断を下さねばならなかった。また、支援活動を1人でやるのがいいのか、組織でやるのがいいのか、OKバジは迷い葛藤する中で、組織をつくらず自分にしかできないことをやると判断した。その結果、行く先々の村々の人々と、その時その場で自然に自己組織化するという新たな支援のあり方を生み出した。

また、ＯＫバジの「行動」にまつわるエピソードについて言えば、体力の限りを尽くし、自ら歩いて必ず村を訪れ、現場、現物、現実の只中で、自分の五感で何が起こっているのか何が本当に必要なのかを感じるとることを最優先している。時には年間５百万歩も歩き、年間５百通も手書きの手紙を書いたという、ＯＫバジの行動力には驚かされるばかりだ。東パルパの地域開発行政のエキスパートが述べたように、多くのＮＧＯが村人の地域開発への意識を高める研修の開催に注力する中、ＯＫバジは飲料水システムの設置、学校やヘルスポストの建設、医療支援基金の設立、村人の収入創出支援など実際に行動を起こしている。ＯＫバジは"Talk"（話す）ではなく"Take Action"（行動を起こす）と述べたように、東パルパの人々にとってＯＫバジは、行動の人なのである。

一方、日本の支援者もＯＫバジのことを「雨にも負けず、風にも負けず」、ネパールの村々を東に西に、そして南に北にと歩き、病に苦しむ村人、生活に窮した村人を助け続けていると、ＯＫバジの姿を捉えているように、ＯＫバジはどこまでも行動の人なのである。日本滞在期間中でも一人ひとりの村人の顔を思い浮かべて歩き、お金の価値を生かす「つもり貯金」もＯＫバジのユニークな行動の１つだ。昨今のコロナ禍でも41日間、当時82歳の身体に疲れを覚えることなく村から村を巡って、お米を届けたエピソードは、ＯＫバジの類い稀な行動力を物語っている。

2　OKバジの「行動指針」

ＯＫバジは、村人の「より善い未来」に向けた「判断」と「行動」を繰り返す直接経験から自らの判断基準と行動指針を言語化している。これら言語化されたＯＫバジの判断基準と行動指針は、我々一人ひとりが賢慮を育み賢慮のリーダーシップを発揮するヒントとなるのではないだろうか。

「人間が二本足で立つのは、余った両手を困っている誰かに貸すため」に表されるように、ＯＫバジの判断基準は「ばらまき支援でないか、魚を与えるのではなく釣り方を教えよ、でないか」と揶揄されたとしても「眼の前の人間が、少しの支援でも、少しでもより善くなるならば支援する」のである。

その判断基準で支援活動を続けてきたＯＫバジは、直接経験の中から言語化した自分なりの行動指針をつくりあげてきた。まずは、ここまで本章が書き表してきたＯＫバジの行動指針を下記に示したい。

- Make-it-happen（ことをどんどん積極的に起こしていく）

- 「人間にとってほんとうに必要なものは何なのか」、人間の復習をする。
- 「一日一善、一日一謝、一日一禅、一日一捨」、一日一捨で執着心を捨てる。
- 失敗からの教訓を生かして、新たな道を切り拓く。
- Like a spring, the beginning of all things is small.（泉のごとく、すべてのことの始まりは小さい）泉のように小さいことから始める。
- Simple Life, High thinking（シンプル・ライフ、ハイ・シンキング）、「〝歩くコト〟、〝食べるコト〟、〝寝るコト〟」のシンプルな生活で、私心をなくし利他に生きる。
- 医、衣、食、住のベーシック・ニーズを最優先とする。
- 1人の人間と互いに向き合い真剣に語り合う。

OKバジは、直接経験から得た暗黙知を、誰かの言葉も使い、そして自ら概念化し自らの行動指針としているのだ。上記の8つの行動指針に加えて、これまでに筆者が聴いた、さらに4つのOKバジの行動指針を紹介したい。

- My biggest treasure is contentment.（足るを知る）
- If I can not do great things, I will do small things in great ways.（もし偉大なこと

ができなければ、小さなことを偉大なやり方でやってみる）
- Being "useful" to people.（役に立つ人間になる）
- The greatest joy is being needed.（最大の喜びは、必要とされていることである）

① My biggest treasure is contentment.（私の最大の宝は知足［足るを知る］）

「『*My biggest treasure is contentment.*（自分の最大の宝は〝満足すること〟）』とインドのガンジーが言ったこの言葉に、ネパールの村では、僕もそんなふうに感じる時があります。僕の場合は〝*contentment*〟の意味は、〝満足〟というよりは〝知足（足るを知る）〟ということかも知れません。山奥に暮らす人々は、食べることが心配なく、健康に働ける、そして寝る。彼らは、外のものを見ていない。知らない幸せ、知らないことの幸せを味わっている気がする。

一方で、カトマンズの多くの人々は、多分、自分には足りないものが多くあって、あれが欲しい、これが欲しいと、すごくモノを求めている気がします。田舎の村に行けば、テレビもないし、車もないし、外の生活を知らないから、そういうものを欲しいとも思わないんだと思います。そういう外の世界を知らないけれど、村人たちは幸せでいられるんだろうなと思います。カトマンズの人たちは、あんなにモノを持っているのにまだまだ、幸せでなくて、まだまだ、欲しいだらけでモノを求めている。村の人たちは、あんなになくても幸せを味わっている。

『知足』、足るを知るって言葉もあるけれど、僕も、どんな状況でも満ち足りていると感じられることかな。それが僕の宝だと思うのです。」

そう、ＯＫバジは語る。「〝歩くコト〟、〝食べるコト〟、〝寝るコト〟」のシンプルな生活を村人から学び、共感し、自らも満ち足りていると感じることができる、私心をなくし利他に生きるＯＫバジの行動指針の１つである。

②If I can not do great things, I will do small things in great ways.（もし偉大なことができなければ、小さなことを偉大なやり方でやってみよう）

「東パルパの村を歩いていると、いつも思い浮かぶ言葉として、〝*If I can not do great things, I will do small things in great ways.*〟があります。これは、僕が大好きな言葉です。」とＯＫバジは言う。

「村人たちがすごい大きなことを要望することがあります。例えば、立派な総合病院を建てて欲しいとか。そんなことは、僕にはできません。僕は小さいことをコツコツやる。自分の身のたけにあった、分相応なことをやる。そういうやり方だったら僕にはできると思うのです。

今（2006年当時）、83人の身体障害者に毎月手当てを百ルピー渡しています。それを教えてくれたのは、あの30年以上も寝たきりの青年。彼が僕に教えてくれたことは2つあるんだけども、1つはcompassion（同情、思いやり）という気持ちを持ったこと。彼を見て思った。『あんなところに、あんなに寒いところに、こんな薄っぺらな毛布で寝ていて、かわいそう』という気持ち。僕の中に、何か眠っていた気持ちを呼び起こしてくれた。もう1つは、自分を振り返った時に、自分は五体満足なのに、不平とか不満がいつもでてくる。それを彼のことを思い出す時、ちょっと不満を減らそうと思う。全部は減らすことができなくても1つ減らそうと思う。そういう気持ちは、あの寝たきりの青年が教えてくれた。それで彼に何ができるだろうって言った時に、いろいろと聞いて。毎月百ルピーあれば、どうにか彼の望みをかなえてあげられるかなと。

ところがね、そういう人たちがネパールには、20万人くらいいます。20万人のうち何人に支援ができるかわからない。ことによっては1人かもしれない。10人かもしれない。『焼け石に水』とまでも思うことがあります。焼け石に水だからやめようって思うこともあります。

そういう時に思い出すのが、その考えを制してくれる話があります。『落ち葉をひろう高僧』の話です。落ち葉が降りしきる初冬のお寺の境内で、ある僧侶が落ち葉ひろいをしていると、それを見た、小坊主が『きりがないから、やめましょう』と言う。すると、僧侶が、『1枚拾えば1枚分きれいになる。』という話なんです。僕は、いつもそれを思い出すのです。1枚分だけ、1人分だけ、いまここで自分の顔に会った人。その人に、とにかくそこから始めましょう。そういうふうにやっているうちに83人になった。はじめの第一歩じゃないけど、やっぱり、それが僕にとっては支えになってきているのかな。

小さな〝行い〟をできるとこからやる。僕はそういうことだと思います。だから、ネパールの村にいると、やっぱりほんとに小さなことなんだけど、それが少しずつ知らないうちにいつかは大きくなっているってことがありますね。」

If I can not do great things, I will do small things in great ways.（もし偉大なことが

できなければ、小さなことを偉大なやり方でやってみる）。そして『落ち葉をひろう高僧』の話は、ここまで幾度なく述べた“Like a spring, the beginning of all things is small.”（泉のごとく、すべてのことの始まりは小さい）にも通ずるＯＫバジの行動指針である。

③ Being “useful” to people.（人々に役に立つ人間になる）

ＯＫバジは言う。

「人間のこの世界の偉大さの尺度、*Greatness* の尺度は、２つあると聞いたことがあります。１つの尺度とは『何人がその人に仕えたか？』つまり百人のトップになったか？　千人のトップになったか？　１万人の組織のトップになったとかで計る偉大さが１つの尺度。

もう１つは、『何人の人に役立ったか？』

何人が自分に仕えたかのではなくて、自分が何人の人に役立ったかで計る尺度。『何人が（自分に）仕えたか』っていうのは、*successful*（サクセスフル：成功した）な人間、成功者と聞こえます。その一方で、『（自分が）何人の役に立ったか』っていうのは、自分が *useful*（ユースフル：役に立つ）な人間と思えます。僕は、〝成功した人間〟よりも〝役に立つ人間〟になりたいと思います。

usefu（ユースフル：役に立つ）なのか、successful（サクセスフル：成功した）なのかってことは、僕にとっては、successfulはもうあきらめて、usefulのほうで、今だったら何かの役に立てるかなと思うのです。

それに、successfulというのは何かget（ゲット：得る、取る）するイメージがなんとなくあります。もちろん、人を犠牲にして成功することではないのだけれども、なんとなく『何人が（自分に）仕えたか』という、successfulには、〝get〟するイメージがあります。でも、usefulは人のために役立つんだから、〝get〟よりも〝give〟のイメージが強い。そうとなると、それだったら僕でもできるなと思って、何かの役に立ったほうがいいかなと思うようになりました。」

④ **The greatest joy is being needed.（最大の喜びは、必要とされていること）**

「ＯＫバジが幸せって感じるのは、どんな時ですか？」

そんな問いかけに、ＯＫバジはこう答える。

「*The greatest joy is being needed.*（最大の喜びは、必要とされていること）。僕がいまネパールで幸せって感じるのは、すごく感じられる時というのは、*Being needed* 必要とされていると感じる時です。それをネパールで何回も感じることがあります。最大の幸せとか喜びっていうのは、やっぱり自分が必要とされているって感情が、*Being needed* という感情だと思います。そんな感情を、村をぐるぐる歩いている時に、あちこちで感じさせてもらっているのです。だから、小さなものでも、小さな感動っていうか、小さな幸せみたいなのをいつももらえている感じがします。*Being needed* と感じている時は、いつもエネルギーが絶えない。疲れを感じない。そういう時ってないですか？」

ＯＫバジは、Being needed の一例として、バライタール村の学校を建て替えた時のエピソードを語る。バライタール村の学校の建て替えは、カトマンズにある日本大使館の草の根無償資金に頼ったプロジェクトであった。そのため、ＯＫバジと当時の校長のジーバンさんは、バライタール村とカトマンズの日本大使館を何度も往復していた。当時、カトマンズ行きのバスに乗るには、何時間も歩きいくつもの山を越えねばならなかった。ある日、大雨の中、ずぶ濡れで泥んこになったＯＫバジとジーバンさんがバライタール村に戻ってきた。

「カトマンズからバスでフーミンまで戻ったけど、雨で道がぬかるんで、そこから先はバスが進まず、ジーバンさんと歩くことにしました。ぬかるんだドロドロの道を何度も転んで、ドロドロになってびしょびしょに濡れながら、バライタールで待つ村人に会うために歩き続けました。2人で12時間歩いて、やっとバライタールに着いたのは夕方でした。2人ともびしょびしょに濡れて泥だらけ。その姿を見たバライタールの村人の中には、笑う人、悲しそうに見る人もいて、僕は、がっかりしかけました。こんな思いまでして、歩いて戻ってきたのにと考えたら、それまで、みなぎっていたエネルギーがしぼみかけちゃった。その時、1人の村人が真剣な眼差しで言ってくれました。『OKバジってこんな思いまでして、みんなを愛しているんだよ。みんなのことが好きなんだよ』って。周りの村人も、その言葉にハッとしたように頷きました。その一言で、僕の中に、またエネルギーが蘇ってきました。12時間は無駄でないと思いました。その時、確かに“*Being needed*”必要とされているんだと感じました。」

1966年に創立した茅葺屋根に竹柵のバライタール村の学校は、その後、OKバジの尽力によって1998年から1999年にかけて、新たに10教室の学校に立て替えられた。2017年3月には、創立50周年の式典が開催され、多くの村人や教育関係者、そして、その機に再び集まった卒業生たちによって祝福された。ジーバンさんやOKバジの喜びもひとしおであった。

OKバジにとって、最大の喜びは必要とされていることなのである。

「誰かに必要とされていること」、それがOKバジが30年、東パルパの村々を歩いてきた原動力なのかも知れない。

アリストテレスは、「賢慮」は人間にとって最も重要な4つの徳の1つであるしている。4つの徳とは「賢慮」、「勇気」、「節制」、「正義」である。東京大学大学院教授の山本芳久は「アリストテレス　ニコマコス倫理学」『NHKテキスト　100分de名著　2023年10月号』（NHK出版）の中でアリストテレスは「人間が生まれながらに持っている可能性が実現し、より充実した力強い人間として優れた働きができるようになる、それを可能にするのが徳なのです[1]」と、アリストテレスの実践哲学を読み解いている。

OKバジの支援は、眼の前の困っている村人、苦しんでいる村人に、ただ何かをあげてきたのではない。OKバジは、賢慮という徳によって、村人たちがより充実した生活を送れるように、彼らが生まれながらに持っている可能性を引き出してきたのである。

アリストテレスは、徳を体現している人間をロールモデルとし、実践を繰り返し小さな成功を重ねることで、徳を身につけることができると言っている。ＯＫバジという賢慮のリーダーシップをロールモデルとして、すべては難しいかもしれないが、ＯＫバジの行動指針に沿った行動をとることで我々も「より善い未来」の実現のため賢慮のリーダーシップを発揮することができるのではなかろうか。

3　ＯＫバジの社会的知識創造（ソーシャルイノベーション）

繰り返しになるが、人間は直接経験を通じて、見る、聴く、味わう、嗅ぐ、皮膚で感じるといった五感を駆使して暗黙知を豊かにすることができると、序章で述べた。

東パルパの村々を巡る中で、ＯＫバジは村人たちと同じものを食べ、村人たちと同じように暮らしてきた。

哲学者のマルティン・ブーバーは「すべての真の生とは出合いである(2)」、「はじめに関係がある。(3)」と言った。ブーバーは、その他者と主客未分、自他の区別がない一心同体の感性のみの関係性を「われ―なんじ」関係と呼んだのだ。

「〈われ〉と〈なんじ〉の間にはいかなる観念、計画、幻想も成り立たぬ。記憶すらも、個別的なものから全体的なものへと移行する時には、変容してしまう。〈われ〉と〈なんじ〉の間には、いかなる目的も、欲望も、予想も成り立たぬ。憧れそのものさえ、夢から現実に移る時には、変わってしまう。間接的な手段、媒介はすべて障害である。ただすべての手段が破れるところにのみ、出合いが起こるのである。[4]」

OKバジは、東パルパの村々で村人と時空間を共にする中で、一人ひとりの村人と「われ―なんじ」関係を築き、互いに「共感」し暗黙知を共有してきた。村人の痛みや苦しみを自分ごとのように捉え、村人の喜ぶ姿に自らの喜びを感じる。野中郁次郎さんが提唱してきた組織的知識創造の起点である「共感」から見事に知識創造を進めてきたのである。

ルネサンス時代の画家ラファエロ・サンティの有名な絵画「アテナイの学堂」には、アリストテレスと、その師のプラトン、そして、古代ギリシアの哲学者が学堂に集まった様子が描かれている。その絵画の中央には左に赤い服を着たプラトン、そして、その右に青い服を着たアリストテレスが描かれている。プラトンが右手の人差し指で天を指し示しているのに対し、アリストテレスは右の手の平を大きく広げて地面をかざしている。このことから、天を指さすプラトンはアイデアリズム、演繹の父、演繹的思考に対し、アリストテレスが、リアリズム、現実主義、帰納の父、帰納法的思考とされている。このプラトンは上を差し、アリストテレスは下をかざすといった2人の右手の向きの違いは、多くの人が見て取れる。だが、この絵画に描かれている2人の足元を凝視すると、さらにもう1つの違いが見て取れる。プラトンは〝裸足〟であるのに対し、アリストテレスは〝サンダル〟のようなものを履いているのだ。さらに、階段の上の白い大理石のような床の上には、30人ほどの哲学者が描かれているが、アリストテレス以外、誰もが裸足であるのだ。

これを見ると、リアリズム、現実主義のアリストテレスは、このアテナイの学堂の外に出て、様々な現場を歩くので、裸足では足を痛めてしまう、だから、サンダルを履いているといった仮説が立てられるかも知れない。

少し回り道をしたが、言いたいことは、このアリストテレスのサンダルとＯＫバジの村歩きが重なり合うのである。ＯＫバジもアリストテレスと同じように、現場、現実主義で東パルパの村々を歩き巡ったのである。何足もの靴下に穴をあけ、何足もの靴を履きつぶして、ＯＫバジは歩いたのだ。

「大きなビジョンというよりも、僕の場合は、眼の前に困っている人がいるとどうしても手を貸したくなるっていうこと。何かゴールみたいなものがあるわけではなくて、眼の前にあることをとにかくやり続けて、今があるという感覚です。」

そう語るＯＫバジは、やはり、アリストテレスのような現場、現実主義で、もう１人の帰納の父なのである。

筆者も執筆者の１人として刊行した野中さん編著『日本型開発協力とソーシャルイノベーション：知識創造が世界を変える』（２０２４年、千倉書房）では、独立行政法人国際協力機構（ＪＩＣＡ）の７つの開発協力事業（プロジェクト）を物語り形式で記述し、その成功要因を整理し「組織的知識創造として日本型開発協力」の本質を明らかにした。

気候変動やコロナ危機、そして、ウクライナ侵攻やイスラエル・ガザ衝突などが起こり、世界の混迷が極まる中、「より善い未来」の実現のために尽力するＪＩＣＡのような開発協力事業（プロジェクト）やＮＰＯ、ＮＧＯ、社会起業家などによる支援活動が世界では脈々と実践されている。

身近な周囲を見渡せば、秋空に映える紅葉の葉が、公園の広場にパラパラと降り積もったその赤や黄色の葉を1枚1枚、黙々と熊手で掃除してくれる人がいる。「より善い未来」に向け、日頃の身近な問題意識を出発点に、さまざまな社会課題を自分ごととして捉え、解決に向けて何かできないかと模索、探究し小さなアクションを起こそうとする人々は多くいる。

彼らの姿を見ていると、我々、一人ひとりの人間は、「より善い」の実現に向けて判断し行動を起こす賢慮を生まれ持っているのだと確信できる。

本書では、OKバジという1人の人間が、ネパールの東パルパの村人の一人ひとりと「共感」を育み、より多くの村人や日本の支援者を巻き込み、その時その場で自然発生的に自在に組織がつくられ、村人たちの自立性とコミットメントを引き出し、持続的な変革を起こした30年の物語りを語ってきた。

それは「共感」を起点として「自己組織化」により実現した社会的な知識創造、ソーシャルイノベーションであると言える。

「OKバジの賢慮の生き方」の物語りが読者の皆さんの共感を生み、皆さんが「より善い未来」への道筋を描き、他者と共に実践する何かのきっかけとなれば嬉しい限りである。

一人ひとりの人間が、たとえどんなに小さな一歩だとしても賢慮のリーダーとして行動を起こせば「より善い未来」になる。

すべてのことの始まりは、泉のように小さいのだから。

1――山本芳久（2023）「アリストテレス ニコマコス倫理学：人生の究極目的を問う」『NHKテキスト 100分de名著　2023年10月号』NHK出版、55頁から引用。
2――マルティン・ブーバー（1979）『我と汝・対話』（植田重雄訳）岩波文庫、19頁より引用。
3――マルティン・ブーバー（1979）『我と汝・対話』（植田重雄訳）岩波文庫、27頁より引用。
4――マルティン・ブーバー（1979）『我と汝・対話』（植田重雄訳）岩波文庫、20頁より引用。

あとがき：ＯＫバジへの感謝

東京女子大学理事長
安田隆二

20年前ほど、友人の竹内弘高教授から「自然に頭が下がるすげー人物がいるぞ」と紹介されたのが、垣見さん（ＯＫバジ）に僕がお会いした最初でした。

「一度ネパールに来てみてくださいよ」とのＯＫバジのお声がけに応えて、２００９年3月、体力のある本書の筆者である川田英樹くんと一緒にネパールを訪ねました。日本からはるばるカトマンズ経由ポカラ空港に着くと、１台の古いジープが僕たちを待っていました。

「日本からはるばるご苦労様でした。目的地はもうすぐ先ですよ」と、パルパのバライタール村から迎えに来てくれた校長先生がニコニコしておっしゃる。ポカラからジープに乗ると、でこぼこ道の悪路や乾季の石ころだらけの川底を大揺れに揺れて走っていく。くたびれはてた僕が「あとどのくらいですか？」と聞くと「もうちょっと先です。」それでも着きません。何度も同じ問答をしながら、7時間かかってやっとジープが止まった。ちょっと先は7時間先でした。「フー。やっと休める」と思ったら、「あの丘の上に見える建物が皆さんの寄付でつくった学校です。さあ行きましょう。」着いたところより80メートルは高いところまでの坂道をスタスタ登り始められました。「えー。登れないよ」と、戸惑っている僕を見て、僕の荷物は地元の小学生たちが運んでくれました。なんとか着いたバライタール村の学校もOKバジの支援でつくられた学校の1つでした。

バライタール村でOKバジと待ち合わせ。翌朝、ジープで約3時間、リンネラハ村の学校の開校式に参加しました。その学校建設の支援方法がユニークなのに驚きました。山奥の村の地元から、学校づくりの要請があると、「まず、住民の方が3分の1の建設資金を拠出し、労働奉仕をすること。それを約束なさるなら、私が3分の1を寄付し、残りの3分の1の資金をお貸しします」と、OKバジは返事なさる。全額支援を期待していた村人はがっかりするのだが、結局、他の方法がなくてOKバジの提案をのんで学校建設を進めるそうです。OKバジがお金を貸すのは、カトマンズから招く先生の費用や、父兄が病気になった生徒の学費に当てる基金となるからです。

こうして出来た学校は不登校児ゼロ、落書きは一切なしだそうです。なにせ、学校建設に汗水流してセメントや木材を積んで、山道を登った父や母を見ている生徒は、村にとって学校がいかに大切かを身にしみて知っているからに違いありません。学校を案内してくれた村人が、「ここはOKバジの資金がきっかけとなって、俺たち村人が建てた学校なんだぞ」と誇らしげに語っていました。

これを聞いて、ＯＫバジの支援活動は、自分の使命感や相手を憐れんだ慈善ではなく、村人の希望と誇りを呼び起こさせる支援なんだとつくづく感じました。リンネラハ村に続いて、ＯＫバジお勧めの陸の孤島チース村へも行きました。


僕が、2度目にネパールのパルパを訪れたときは、２０１1年秋の実りの時期でした。村一面が黄金の稲に輝いていました。田植えのときに使われる田んぼの側の水路にはきれいな水がふんだんに流れ、村の共同水場では蛇口からおいしい水道水が流れていました。村人の家に入るとガスコンロにお湯や煮物がかけられていました。「ホー。随分便利になっていますね」と、地元の議員さんに言うと「とんでもない。5年前は、山上にあるこの村では、水がなくて田んぼは出来なかったよ。もちろん、水道水もなかった。その頃は、女性の仕事は、山を下って川から桶に担いで運び上げるきついものだった。5年前は、家にガスコンロなどもなかったよ。遠くの山に入って薪を集めてきて、かまどに火をくべるのが日課だったな。水もガスも、ＯＫバジが、日本の技術と支援で生活に便利なものをつくってくれたんだ」と説明してくれました。

僕は「ふーん、80メートル下の川から水を汲み上げるポンプを敷設したのかな。プロパンガスを普及させたのかな？」と思ってＯＫバジにお聞きすると、笑って、「とんでもない。諸外国の援助で敷設した水くみポンプは故障して、今は道端にたな晒しになっていますよ。技師を呼んで、部品を購入する修理代を出すお金を持っている村なんてないですよ。」

「ふふふ。彼らが、日本の技術というのは、あれですよ」と指さしたところには太く長いゴムホースが水場から山の中にずっと伸びていました。「村の裏山の水源からはヒマラヤの雪解け水である自然水が湧いて流れています。そこから数キロのゴムホースを繋いで水を引っ張ってきたのです。水は高いところから低いところへ流れてくれるのですよ」、「家の中のガスボンベは、人糞や牛糞を集めてメタンガスを発生させたのをガス管で引いたものですよ。戦前の日本の貧村にあったのを思い出したのです。セメントと鉄管があればできるんです。」、「ここでもソニーのテレビ、ヤマハのバイク、クボタの農機は高い技術評価を受けています。でも私は、日本は身の回りのものを利用して生活を便利にする技術にこそ長けているのだよ。と説明しているんですよ。」

ＯＫバジの技術支援は高価で高度な技術製品を持ち込むことではなく、地元でちょっと知恵をはたらかせて工夫することで大きな生活改善に貢献していることを知りました。

２０１１年秋、ＯＫバジは白内障に苦しむネパールの中高年のために眼科クリニックを建設しました。開所式には、僕も参加しました。そこには、ＯＫバジに感謝するネパールの人々が遠方からもたくさん集まりました。白内障の手術に成功した人びとが、術後の感想を聞かれて「うちの女房がこんなにきれいだとは思わなかった。」、「うちの旦那って思っていたよりも若いのにびっくりしたわ」と、おノロケを言い、「それに、私らの村や周囲の山々がこんなに美しくて神々しいものとは、目の手術で心の汚れも洗われたよ。」と喜ぶのを、ＯＫバジは、ニコニコしてうなずきながら見ていました。

ＯＫバジの医療支援とは、病気を治す以上に、心を癒やし、あたためるものを目指しているのだと気づかせられました。

一見貧相な格好をした老爺のＯＫバジですが、でも、ほんとに「すげー人物」にお会いでき、ＯＫバジを通じて、ネパールの人々ともつながることができたことを心から感謝しています。

本書は、「偉人垣見一雅の慈善事業を称賛する」ために書いたものではなく「一味違って、ネパールの村人に寄り添う支援活動を行う普通のおじさんＯＫバジ」の姿を綴ったものだと理解しています。それだけにＯＫバジの、なにげない支援のあり方に心を惹かれるのです。

読者の方に「やっぱり、すげー人物だな」と感じていただければ嬉しいことです。

謝辞

本書の出版を思い描いたのは、博士論文(1)を書き上げた2008年に遡る。

それから、16年余りが経ち、このようにして本書が完成に至った過程において、多くの方々のご厚意とご支援をいただいた。ここで、みなさまに感謝の辞を述べたい。

まず、本書の主人公でもあるOKバジこと垣見一雅さんに心より深く感謝したい。ネパールの山奥で、垣見さんと経験を共にしたことが本書の出発点である。垣見さんと出会わなければ、本書は存在しない。そもそも博士論文を書き上げることも出来なかった。垣見さんとの出会いがあって、ネパールの子どもたちや村人たちとあれほどまでに感動的な体験をすることができ、人生における新たな気づきと貴重な価値観を得ることができた。そして、何よりも3年にわたる垣見さんの賢慮の生き方の物語りがあったからこそ、本書は完成することができた。インタビューにも、ネパールでも日本でも、いつでもどこでも快くご協力いただいた。垣見さんには、いくら感謝してもしきれない。

人生の師である野中郁次郎さんに心より感謝申し上げる。本文で述べたように、定期的にネパール訪問していたことに興味を持ってもらい、〝世界の野中郁次郎〟のカバン持ちを担えるようになった。一橋ICSの博士課程（DBA）時代には、「博士論文の進捗状況はどうだ？」と声をかけていただくと同時に、フィードバックやアドバイスをいただき、本書のベースとなった博士論文を書き上げることができた。その後も、アジア諸国でリーダー育成プログラム開発や賢慮のリーダーシップにかかわるリサーチや講義、日本国内では大手企業グループの次世代リーダー育成プログラムを共に行う中で、野中さんの「知識創造理論」や「実践知リーダーシップ論」の実践に携わることができた。『世界を驚かせたスクラム経営』（日本経済新聞出版）や『野性の経営』（KADOKAWA）といった野中さんとの共著、野中さんが編著者である『日本型開発協力とソーシャルイノベーション』（千倉書房）の執筆が、本書を書き上げる自信となったのは言うまでもない。

竹内弘高さんへの感謝の気持ちを表す言葉は尽きない。竹内さんの計り知れない尽力で一橋ICSが創設されなければ、本書もなければ、今の自分もない。MBA2年目のオプションプログラムとして、ネパールのボランティア体験のフィールド・ワークを創ってくれたのも竹内さんだ。MBA2年間、DBA5年間、合計7年間、竹内ゼミ生として、時間を共にして多くのことを学んだ。

あれは、2000年のこと。ネパールでボランティア活動のオプションに手を挙げたいと相談した際「そういうことを聴くと、嬉しくて涙が出そうだよ」と竹内さんは言った。そして「誰も経験できないことを経験し、その経験から得たインスピレーションを他の誰かに伝えろ」という言葉をもらったことを覚えている。その言葉がこれまでずっと背中を押してくれた。どこまでも厳しい竹内さんの指導があって、本書につながる博士論文を仕上げることができた。その後も「世の中をあっと驚かせる本を出せ」と激励し期待し続けてくれ、本書の「まえがき」も執筆いただいた。感謝してもしきれない。

竹内さんは、OKバジが帰国するとよく食事会に誘ってくれた。信《ノブ》さんこと、竹内さんの夫人は「本を早く世に出してね」と、いつも激励してくれた。信さんにも心から感謝したい。

ネパールの村での生活に慣れるためのアドバイスをくれたサパナ・ミスこと竹内さんのご息女である夢子さんは、現地の習慣を尊重することの重要性を助言してくれた。サパナ・ミスにも感謝している。

「あとがき」を快く執筆いただいた安田隆二さんにも感謝の辞を表したい。本文中でも紹介したように、安田さんは2度にわたってネパールのOKバジを共に訪ねてくれた。「安田さんは日本のシュバイツァーになることを志していた」と、竹内さんから聴いたことがある。ネパールの現地を共に訪問している間、恵まれない人々を助け、より善い世界をつくりたいという熱い思いを共有してくれた。同時に、ＯＫバジの活動の本質が慈善事業ではなく、ネパールの村人に寄り添うことであると教えてくれた。

野中インスティテュート・オブ・ナレッジの野際法子さんにも感謝したい。

そしてなにより、ネパールを訪れた際、安全で快適な滞在を支えてくれてきたバライタール村の友人たち、ジーバン・ポカレルさん、マヘンドラ・タパさん、クリシュナ・タパさん、ガネッシュ・ポカレルさん、ビシュヌ・タパさん、そしてその家族に感謝の意を表したい。特に、マヘンドラ・タパさんとその家族には、長年、バライタール村に滞在期間中の部屋の提供と、朝晩の心温まる食事をふるまっていただいてきた。デレイデレイダンネバード（大大、感謝です）。

また、バライタール村のシュリ・クリシュナ・デヴィ・セカンダリースクールの子どもたちにも心から感謝したい。あの子どもたちの純粋に輝く瞳は、生き方を変え真の価値観を見つける手助けをしてくれた。村の子どもたちが「村にまた来てね」と言ってくれる限り、バライタールを訪れてきた。気づけば、あれから二十数年が経った。当時の生徒の多くが親となり、村々の学校の教師となっている。毎年の訪問で彼ら彼女らの成長した姿に出会うことができるのは、嬉しい限りである。

最後に、千倉書房の岩澤孝さんには、企画から原稿完成まで、粘り強く並走いただいた。彼の的確なアドバイスがなければ、本書は完成しなかった。深く感謝したい。そして、最後の最後に、本書の執筆に向う私を日々元気づけてくれた妻 川田弓子と娘の愛花に心から「ありがとう」と伝えたい。本書がきっかけとなり、また共にネパールを訪れることができれば、このうえない喜びである。

２０２４年11月

川田英樹

1——「OK Baji as an Exemplar of *Phronetic* Leadership（DBA Thesis 2008）」（https://hermes-ir.lib.hit-u.ac.jp/hermes/ir/re/22945/020120020l.pdf）

参考文献

Nonaka, I., and Takeuchi, H.（1995）*The Knowledge-creating Company: How Japanese Companies Create the Dynamics of Innovation*, New York: Oxford University Press.

Kawada, H.（2008）“OK Baji as an Exemplar of *Phronetic* Leadership,”. 博士論文（一橋大学）

Nonaka, I., and Takeuchi, H.（2011）“The Wise Leader,” *Harvard Business Review*, May.

Nonaka, I., and Takeuchi, H.（2019）*The Wise Company: How Companies Create Continuous Innovation*, New York：Oxford University Press.

Thapa, Agan S.（2004）*Nepal's Well-Wishers in Japan*, Kathmandu, Miteri Manch Nepal.

アリストテレス（1971）『アリストテレス　ニコマス倫理学（上）』（高田三郎訳）岩波書店。

垣見一雅（2001）『ＯＫバジ：村人の魂に魅せられ、ネパールの山奥に住みついたひとりの日本人』サンパティック・カフェ。

サティア・ナデラ、グレッグ・ショー、ジル・トレイシー・ニコルズ（2017）『Hit Refresh（ヒット・リフレッシュ）：マイクロソフト再興とテクノロジーの未来』（山田美明・江戸伸禎訳）日経ＢＰ社。

西垣通（2023）『デジタル社会の罠：生成ＡＩは日本をどう変えるか』毎日新聞出版。

野中郁次郎編著（2018）『野中郁次郎 ナレッジ・フォーラム講義録』東洋経済新報社。

野中郁次郎編著（2024）『日本型開発協力とソーシャルイノベーション：知識創造が世界を変える』千倉書房。

野中郁次郎・川田英樹（2023）『世界を驚かせたスクラム経営：ラグビーワールドカップ2019組織委員会の挑戦』日経BP日本経済新聞出版。

野中郁次郎・竹内弘高（2011）「「実践知」を身につけよ：賢慮のリーダー」『DIAMONDハーバード・ビジネス・レビュー　2011年9月号』ダイヤモンド社。

野中郁次郎・竹内弘高（2020）『ワイズカンパニー：知識創造から知識実践への新しいモデル』（黒輪篤嗣訳）東洋経済新報社。

野中郁次郎・川田弓子・大垣交右（2020）「動態経営の本質：経営学と現象学を綜合するヒューマナイジング・ストラテジー」『一橋ビジネスレビュー　2021年春号』東洋経済新報社。

野中郁次郎・川田英樹・川田弓子（2022）『野性の経営：極限のリーダーシップが未来を変える』KADOKAWA。

野中郁次郎・川田英樹・川田弓子（2024）「二項動態による集合「実践知」創造」『一橋ビジネスレビュー　2024年夏号』東洋経済新報社。

マルティン・ブーバー（1979）『我と汝・対話』（植田重雄訳）岩波文庫。

マイケル・ポランニー（2003）『暗黙知の次元』（高橋勇夫訳）ちくま学芸文庫。

宮沢賢治（1986）『宮沢賢治詩集』（谷川徹三編）岩波文庫。

山本芳久（2023）「アリストテレス　ニコマコス倫理学：人生の究極目的を問う」『NHKテキスト　100分de名著　2023年10月号』NHK出版。

ワ行

マ行

ヤ行

ラ行

タ行

ナ行

ハ行

カ行

サ行

主要事項索引

数字

J

L

M

N

S

T

ア行

[著者紹介]

川田英樹（かわだ・ひでき）

多摩大学大学院教授、株式会社フロネティック代表取締役

1966年生まれ。カリフォルニア大学ロサンゼルス校（UCLA）でAstrophysics（天体物理学）を専攻し卒業。

一橋大学大学院国際企業戦略研究科国際経営戦略コース（現一橋ビジネススクール国際企業戦略専攻：一橋ICS）第一期生（MBA）、同コース博士課程（DBA）取得。株式会社フロネティックを設立し、「実践知リーダー」が育つ〝場〟を顧客と共創している。

主な著書に『野性の経営』（野中郁次郎他と共著：KADOKAWA）、『世界を驚かせたスクラム経営』（野中郁次郎と共編著：日本経済新聞出版）がある。

OKバジの賢慮の生き方
――ネパールの村に生きる社会起業家の共創の物語り――

二〇二五年三月一二日　初版第一刷発行

著者　川田英樹
発行者　千倉成示
発行所　株式会社　千倉書房
〒一〇四―〇〇三一
東京都中央区京橋三―七―一
〇三―三五二八―六九〇一（代表）
https://www.chikura.co.jp/

印刷・製本　精文堂印刷株式会社

ISBN 978-4-8051-1340-0 C3034